조선사 3대 논쟁

# 조선사 3대 논쟁

초판 1쇄 발행  2008년 6월 30일   초판 2쇄 발행  2012년 2월 20일

지은이 이재호  펴낸이 연준혁

출판4분사 편집장 이효선
제작 이재승

펴낸곳 (주)위즈덤하우스  출판등록 2000년 5월 23일 제13-1071호
주소 (410-830) 경기도 고양시 일산동구 장항동 846번지 센트럴프라자 6층
전화 031) 936-4000  팩스 031) 903-3891
전자우편 yedam1@wisdomhouse.co.kr  홈페이지 www.wisdomhouse.co.kr
출력 탑그래픽스  종이 화인페이퍼  인쇄·제본 (주)현문

값 13,000원  ⓒ 이재호, 2008  사진 ⓒ 권태균  ISBN 978-89-93119-03-9  03900

조선사 3대 논쟁

이재호 지음

역사의아침

# ● 서설序說 ●

『논어論語』「옹야雍也」편에는 공자께서 정직에 대해 경계한 말씀이 실려 있다. "사람이 생활하는 도리는 정직해야만 하니, 남을 속이고서 생활하는 것은 요행수로 죄벌을 모면하는 것일 뿐이다[人之生也 直 罔之生也 幸而免]"라는 공자의 말씀은 모든 세상 사람들이 생활하는 도리는 정직을 근본으로 삼아야 하니, 남을 속이는 부정직한 생활을 하는 사람은 반드시 죄벌을 받기 마련이라고 경계하는 것이다. 남을 속이고도 죄벌을 받지 않는 사람은 요행수로 면한 것일 뿐이라는 매서운 경계의 말씀이다.

그러나 현재 우리 사회는 정치계 · 경제계 · 사회계 · 교육계를 막론하고 정직하지 못한데도 죄벌을 면하고 사는 이가 아주 많은 듯하다. 그들의 언어와 행동은 모두 진실을 외면하고 허위를 가장하는 지식불감증에 감염되어 있는 실정이다. 그런데도 별다른 죄벌을 받지 않다 보니 요행수가 상수常數가 된 듯한 느낌까지 든다. 그만큼 사회가 문란해진 것이다. 우리 사회가 이렇게 된 데에는 여러 요인이 있겠지만 그간 잘못된 역사 사실이 상식처럼 행세하거나 올바른 역사를 편견으로 뒤엎으려는 그릇된 현실이 바로잡히지 못한 것이 가장 큰 이유일 것이다.

그중에서도 특히 필자가 평생을 몸담았던, 인재 양성의 책임을 지닌 대학 사회의 지식인들에게 몇 가지 반성할 점을 지적, 충고하고자 한다. 물론 정치·경제·사회계 등 우리 사회를 이끌어가는 모든 분야의 지식인들이 다 공통으로 느껴야 하는 문제다.

첫째 사육신死六臣 문제를 이대로 방치해서는 안 된다. 과거 권위주의 정권 시절 한 권세가의 작용과 권력에 아부하던 어용학자들의 부화뇌동으로 사육신 유응부兪應孚를 김문기金文起로 대체하려는 사건이 있었다. 유응부의 이름을 지우고 삼중신三重臣 중 한 분인 김문기를 넣으려고 한 것이다. 그 후 그 권세가가 국기에 관련된 대사건을 일으켜 사형당함으로써 주춤했으나 여기 부화뇌동한 학자들이 유응부의 사육신 지위를 그대로 인정하는 대신 과거 자신들의 그릇된 행적을 희석시키기 위해 김문기도 현창顯彰한다는 절충안을 내어 지금도 사육신 묘역에는 김문기의 허장虛葬이 모셔져 있다. 그래서 사육신 묘역의 참배객들은 큰 혼란을 느낀다. 이 일은 사실 간단한 문제다. 유응부와 김문기 중 누가 사육신인지만 가리면 되기 때문이다. 이 책의 첫 번째 부분은 바로 이에 관한 글이다. 사육신의 탄생 배경부터 조선시대 사육신이 시대의 금기에서 어떻게 국가에서 제사를 받는 대상이 되었는지 살펴보고, 근래의 사육신 논쟁이 어떻게 불거졌고 어떻게 처리되었는지 서술했다. 이 글을 통해 사육신 사건의 진상을 알 수 있을 것이다.

둘째 더 이상 사실이 아닌 것이 국민들의 역사상식으로 자리 잡고 있어서는 안 된다. 율곡栗谷 이이李珥가 임진왜란이 일어나기 10년 전에 전쟁을 예견하고 십만양병설十萬養兵說을 주장했으나 서애西厓 유성룡柳成龍이 반대하여 무산되었으며, 이 때문에 임진왜란이라는 참혹한 전란을 초래했다는 역사상식은 과연 실제 역사 사실과 부합하는가 하는 문제다. 이 사실은 한때 국사학계의 석학으로 불리던 한 학자가 쓴 국사개설서에 기재됨으로써 그의 제자들이 무조건 추종했고 이들이 계속 전파한 결과 지금도 국민적 상식이 되어 있다. 그러나 그것이 사실이 아니라면 문제는 보통 심각한 것이 아니다. 없는 사실을 허위로 날조해 국민들의 역사상식을 거짓으로 채웠기 때문이다. 정직해야 할 역사교육이 거짓으로 채워진 것이다. 이 책의 두 번째 부분은 바로 이것의 사실 여부를 고찰하는 글이다. 과연 이이는 임진왜란이 일어나기 10년 전에 십만양병설을 주장했고 유성룡이 이를 반대했는지, 관련된 모든 자료를 꼼꼼히 검토해 올바른 판단을 구해보았다.

셋째 이순신李舜臣과 원균元均에 대한 잘못된 평가를 바로잡아야 한다. 근래 일부 논자들이 원균은 용감한 장수인 반면 이순신은 보신책에만 능한 겁장怯將으로 묘사하는 경우가 있었다. 이들은 시종일관 원균을 높이 평가하면서 이순신을 헐뜯기에 여념이 없어서, 심지어 일본 간첩 요시라要時羅의 허위 정보가 현재 사실로 밝혀지고 있다면서 임진왜란을 평정한 충무공 이순신 장군을 '왕명을 어기고 적을 놓아 보냈다'는 '항명종적抗命縱賊'의 죄명으로 파면 하옥시킨 당시 당파에 물든 조관朝官들의 견해에 찬동하는 듯한 서술까지 서슴지 않고 있다. 이 책에서는 이순신과 원균이 어떤 장수인지, 어떤 과정을 거쳐 관직에 진출했고 어떻게 왜적과 싸웠으며 어떻게 전사했는지, 모든 관련 자료를 통해 서술했다. 두 장수의 진면목이 이 글을 통해 여실히 드러나리라고 믿는다.

필자는 위에 거론한 몇 가지 문제에 대해 그 허위를 벗기고 실상을 구명함으로써 일반 국민들의 역사인식을 새롭게 하여 앞으로의 국력 신장에 도움을 주려는 의도에서 이 조그만 책을 엮어냈다.

이 책의 본문에 해석문뿐만 아니라 한문 원문도 일부 병기한 것은 필자가 취사선택한 사료의 엄밀성과 객관성을 분명히 하려는 의도다. 한문에 익숙지 않은 현대인들은 번역문만 읽어도 본뜻을 이해하는 데 별다른 지장은 없을 것이다. 주석도 마찬가지로 본문의 출전 근거를 밝혀 글의 객관성을 높이기 위한 용도로 첨부했다. 더 자세히 알고 싶은 독자는 주석을 참조하면 좋을 것이다.

2008년 6월

창주滄洲 노생老生 이재호李載浩

1부

# 사육신, 유응부인가 김문기인가

사육신은 추강 남효온이 「육신전」에서 문신 성삼문과 무신 유응무 등을 사육신으로 등재하고 정조 때의 「어정배식록」으로 국가에서 공인받은 이래 그 누구도 의문을 제기하지 않았다. 그런데 근래 김문기의 후손들과 일부 학자들이 문제를 제기하면서 사육신 묘역이 사칠신 묘역으로 변하고 말았다. 문제의 핵심은 기존의 인식대로 유응부가 사육신인지 아니면 김문기가 사육신인지 하는 점이다.

우리나라 국민 중에 글줄이나 읽었다는 사람치고 사육신死六臣을 모
르는 사람은 없을 것이다. 조선 초 세조 2년(1456) 상왕 단종을 복위
시키려다 사형당한 '성삼문成三問·박팽년朴彭年·하위지河緯地·이개
李塏·유성원柳誠源·유응부兪應孚'가 사육신임은 주지의 사실이자 일
종의 상식이다. 이 중 앞의 다섯 분은 집현전학사集賢殿學士 출신인
문관文官이고, 맨 끝의 유응부만 무과 출신의 무관武官이다. 그러나
현재 노량진 사육신 묘역에는 이분들 사육신 외에 한 분이 더 모셔
져 있어서 국민들에게 혼란을 주고 있다. 이런 혼란은 지난 권위주
의 정권 시절 일부 권세가의 작용으로 사육신 중의 무신 유응부를
'삼중신三重臣'* 중의 한 분인 김문기金文起로 바꾸어야 한다는 주장

---

* 『정조실록』 권 32, 15년 2월 병인조丙寅條 「어정배식록御定配食錄」에 삼중신은 민신, 조극관, 김문기로
되어 있다.

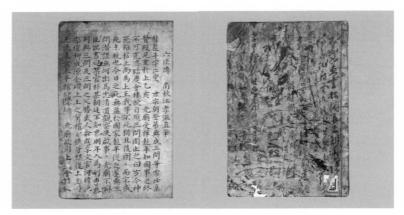

추강 남효온의 『육신전六臣傳』 표지(오른쪽)와 시작 부분(왼쪽). 남효온은 육신의 절의를 영구히 보전하기 위해 목숨을 걸고 『육신전』을 써서 단종 복위운동에 목숨을 바친 절신節臣들의 절개를 후세에 남겼다.(국립중앙도서관 소장)

이 대두된 데서 비롯되었다.

원래 사육신이라는 명칭은 생육신生六臣 중 한 분인 추강秋江 남효온南孝溫[단종 2년(1454)~성종 23년(1492)]이 쓴 『육신전六臣傳』에서 비롯된 것이다. 그런데 1976년 한 방송작가(구석봉具錫逢)가 갑자기 모 신문지상[1]에 '추강 남효온이 쓴 『육신전』 중의 유응부는 김문기를 잘못 기재한 것이므로, 사육신은 유응부가 아닌 김문기여야 한다'고 주장하고 나섰다. 이는 전공 학자의 논설이 아니어서 크게 주목받지 못했지만 당시 권력층의 작용을 받은 국사편찬위원회(위원장 최영희崔永禧)에서 이 문제를 구명하기 위한 특별위원회*를 구성함으로써 논쟁에 가세했다. 게다가 특별위원회는 논의 끝에 놀랍게도 '김문기를

* 특별위원회는 이병도, 이선근, 신석호, 백낙준, 유홍열, 조기준, 한우근, 전해종, 김철준, 고병익, 최영희, 김도연, 이기백, 이광린, 김원룡 등 15명으로 구성되었다. 여기에는 회의에 참석하지 않고 이름만 빌려준 학자들도 있으나 자신의 견해와 다르다는 적극적인 해명을 하지 않은 이상 공동 책임이 있다.

사육신의 한 사람으로 현창顯彰하는 것이 마땅하다'는 결의를 만장일치로 채택했고, 이것이 당시 일부 신문지상에 크게 보도됨으로써* 전문적인 역사지식이 부족한 일반 국민들은 큰 혼란을 느끼게 되었다. 특별위원회 구성원은 당시 국사학계를 대표한다는 학자들이 대부분이었는데, 이들이 만장일치로 '사육신은 유응부가 아니라 김문기다'라고 판정함으로써 일반 국민들은 사육신에 대한 자신들의 상식이 잘못되었나 하는 의문을 갖게 된 것이다. 그간 특별위원회에 소속된 학자들이 역사 문제에 대해 어떤 결론을 내리면 그것이 바로 역사적 진실처럼 인정되어왔기 때문이다.

그러나 국사편찬위원회 특별위원회의 결정에 학계 일부에서 반론을 제기하고 나섬으로써 이 문제는 그렇게 간단하게 역사의 진실로 재정리되지는 못했다. 이가원(「중앙일보」 1977년 10월 2일), 김성균(「동아일보」 1977년 9월 30, 10월 12일), 이재범(「한국일보」 1977년 11월 3일), 정구복(「전북대학신문」 11월 11일) 등의 학자들이 여러 언론을 통해 즉각 반론을 제기하고 나서 사육신은 김문기가 아니라 유응부가 맞다고 주장한 것이다. 이에 김창수(「동아일보」 1977년 9월 26일, 10월 7일)와 이현희(「중앙일보」 1977년 10월 2일) 등이 다시 김문기가 사육신이라는 주장을 펼침**으로써 학자들의 찬반양론이 맞섰다. 필자 역시 국사

---

* '500년 만에 햇빛을 본 충신의 고절高節, 사육신 유응부는 김문기의 잘못'이라는 제목하에 "국사편찬위원회에서는 교과서 개편에 착수한다"라고 한 기사는 그 당시 국민에게 비상한 충격을 주었다.(「동아일보」 1977년 9월 24일)
** 김창수 씨는 1976년 텔레비전 프로그램 〈역사의 인물〉에 출연해 김문기의 사적을 해설했고, 이현희 씨는 라디오 프로그램 〈아침 교양국사〉에서 집현전 관계를 해설하면서 의식적으로 김문기가 사육신 중 한 사람이라는 점을 강조했다.

서울 노량진의 사육신 묘역

편찬위원회의 잘못된 결정을 시정하도록 촉구하는 글(「부산일보」 1977
년 9월 28일, 「독서신문」 1977년 10월 23일, 1977년 11월 20일)을 썼다.*

　이런 상황에서 국사편찬위원회는 1978년 '노량진 사육신 묘역에
김문기의 허장虛葬(시신 없이 치르는 장례)을 봉안하고, 유응부의 묘도
현상 그대로 존치한다'는 애매모호한 결정을 내림으로써 명名과 실實
이 따로 노는 현상이 발생하게 되었다. '사육신공원'이라는 금색주
판金色鑄板이 걸려 있는 노량진 사육신 묘역 안에 사육신 이외에 김
문기가 추가된 일곱 분의 묘소와 위패를 봉안하게 된 것이다. '사육
신死六臣 묘소'가 '사칠신死七臣 묘소'가 된 셈이고, '사육신공원'이

---

* 이외에 필자는 그 부당성을 지적하는 서신을 수차례 국사편찬위원회의 최영희 씨에게 보내 잘못된 결정
　을 시정하도록 촉구했다.

사육신 묘역에 함께 있는 김문기의 묘

'사칠신공원'이 된 셈이다.

　이렇게 '사육신 묘소'가 '사칠신 묘소'로 바뀌는 중차대한 일이라
면 국사편찬위원회는 전공 학자들에게 사전에 자문을 받고, 논문 발
표나 공청회를 여는 등 여러 방법으로 의견을 수렴했어야 한다. 그
러나 당시 국사편찬위원회는 이런 과정을 거치지 않고 특별위원회
구성원들의 학계 위치만 믿고 세밀한 고증과 검토 없이 요식행위만
으로 기존의 국민적 상식을 뒤집는 결정을 내렸다. 수 백 년 간 지난
한 과정을 거쳐 형성된 사육신이라는 명칭을 현대의 학자들이 간단
하게 전복하는 무례를 저지른 것이다.

　사육신이라는 명칭은 광복 이후에 만들어진 것이 아니다. 세조 2년
(1456) 단종 복위사건이 발생한 이후부터 남효온의 『육신전』을 비롯
해서 이 사건에 대한 수많은 논란과 평가를 거쳐 숙종·정조대에 와

서 국가적 의례로 확정된 사실이다. 사육신이 국민적 상식이 된 데는 이런 오랜 과정이 있었다. 1970년대 후반 갑자기 사육신 문제가 대두한 배경에 당시 나는 새도 떨어뜨린다는 중앙정보부장이 개입되었다는 사실은 내놓고 말을 하지 못했지만 알 만한 사람들은 다 알고 있었다. 그리고 사관 정신을 내팽개친 일부 학자들의 행태에 대해 식자들이 우려를 금치 못했던 것도 사실이다.*

'사육신'이라는 표현은 사건 당시 실록에 쓰인 것은 아니다. 생육신 중 한 분인 추강 남효온이 『육신전』을 써서 단종 복위운동에 목숨을 바친 절신節臣들의 절개를 후세에 남김으로써 비롯되었다. 이 『육신전』은 당시 사림파士林派(절의파節義派)** 중 한 분인 남효온이 국가의 기휘忌諱(꺼리어 숨김)였던 단종 복위운동의 진상을 후대에 전하기 위해 생명의 위험을 무릅쓰고 쓴 전기이기 때문에,[2] 단종의 왕위를 찬탈한 훈구파 쪽에서 쓴 어용御用적 『세조실록』***보다 그 신뢰도와 가치가 훨씬 높다고 할 수 있다. 그런데도 김문기를 사육신이라고 주장하는 사람들은 어용학자들이 편찬한 관찬官撰기록인 『세조실록』만을 유일한 사료史料로 인정하고, 절의파의 사필史筆로 쓴 남효온의 『육신전』은 개인 편찬이라는 이유로 신뢰성이 없다고 주장하

---

* 김문기의 후손이 당시 중앙정보부장 김재규다.
** 고려의 충신 정몽주, 길재의 학통을 이어 받은 학파로 특히 대의명분적인 절의를 숭상했다. 이 학파의 종사宗師는 영남의 김종직인데, 그 문하에 김굉필, 정여창 등 도학자道學者와 김일손, 남효온 등의 절의 지사節義之士가 배출되었다.
*** 『세조실록』의 찬수관(편찬책임자)은 소위 '정난공신'의 주체 세력인 신숙주, 한명회, 최항 등이었다. 이들이 편찬한 실록기사가 단종과 사육신의 사실을 정당하게 쓰지 않았음을 짐작할 수 있다. 단종이 영월에서 공생貢生에게 시해弑害당한 것을 실록에는 자의自縊(목 매 죽음)하여 죽었다고 한 기사에, 『음애잡기陰崖雜記』의 저자인 이자李耔가 "此獨當時狐鼠輩 奸媚之筆也 大抵後日修實錄者 皆當時從諛者也 癸酉實錄 類如此"라고 기록했으니 그 당시 세조 측근의 어용학자가 왕조에 아유阿諛(아부함)하기 위하여 곡필을 농롱했음을 비평한 것이다.

면서 사료를 곡해하고 사실史實을 억단臆斷했다. 이 일이 논란이 된 이후 필자는 사육신 문제에 관한 기초 사료를 꼼꼼하게 검토하고 그 견해를 논문이나 신문 등에 발표해왔는데, 아직도 이 문제가 해결되지 않았기 때문에 다시 이 글을 써서 지성인들에게 공명共鳴을 구한다.

## 1 단종 즉위 당시의 정국

조선 왕조의 제4대 군주인 세종대왕은 문치文治와 무공武功을 다 성
공시켜 조선 왕조의 극성시대極盛時代를 이루었다. 세종이 재위 32년
(1450) 만에 승하하고 세자인 문종이 즉위하여 부왕의 유업을 계승했
으나, 불행히 재위 2년 3개월 만에 승하하고 12세의 어린 세자 단종
이 즉위하면서 조정에는 일말의 불안한 공기가 감돌게 되었다.

이때 유주幼主 단종을 보필하는 중책을 맡은 사람들은 문종의 유
명을 받은 영의정領議政 황보인皇甫仁 · 좌의정左議政 김종서金宗瑞 · 우
의정右議政 정분鄭苯을 위시한 원로대신들과 집현전학사 출신인 소장
문신들인데, 원로대신들은 이미 칠순의 고령으로 왕성한 정력을 경
주傾注할 수 없었고, 소장문신들은 아직 관위가 낮아 국가 대사에 직

접 참결參決할 수 없는 처지였다.

이러한 판국에 세력이 강성했던 단종의 숙부 일곱 대군이 주목의
대상이 되었다. 특히 안평대군安平大君 이용李瑢은 풍류를 즐기는 호
사형豪士型이었지만 수양대군首陽大君 이유李瑈는 정치에 뜻을 둔 야
심가였다. 이 두 대군이 왕자라는 신분을 배경으로 각기 세력을 다
투고 있었는데, 그 당시 조정에 있던 고관과 문인들은 안평대군을
추종하게 되고, 때를 못 만난 모사와 무사들은 수양대군을 추부趨附
하게 되었다. 수양대군은 단종 원년(1453) 10월에 이른바 '계유정난
癸酉靖難'을 일으켜 단종의 심복대신들을 제거하고 정권을 장악했다.
'정난靖難'의 원래 뜻은 국가의 위난危難을 평정한다는 것이지만 계
유정난은 단종의 보좌세력을 제거하고 수양대군이 정권을 찬탈하기
위해 폭력을 행사한 것에 불과했다.

그는 친히 무사를 이끌고 좌의정 김종서의 집에 가서 김종서와 그
의 아들 승규를 추살椎殺한 후, 왕명으로 영의정 황보인 이하 반대파
대신들을 불러 궐문에서 학살하는 정변으로 하룻밤 사이에 정권을
한손에 쥐게 되었다. 수양대군 측에서는 김종서 등이 안평대군을 추
대하여 반역을 도모하기에, 사전에 이를 탐지하여 역당을 주살하고
국난을 평정했다고 강변하는 것으로 거사 명분을 삼았다. 안평대군
은 적소謫所(유배지)에서 사사賜死되고, 이 난을 손수 평정한 수양대
군 자신은 영의정부사領議政府事·이조판서吏曹判書·병조판서兵曹判
書·내외병마도통사內外兵馬都統使를 겸직함으로써 정권政權과 병권兵
權을 독점하고, 정인지鄭麟趾·신숙주申叔舟·권람權擥 등 자기 복심腹
心을 정부의 요직에 배치했다.

안평대군이 그린 「몽유도원도」와 표지 글씨

　급격한 정변에 살아남은 조신들은 수양대군에게 감히 항거할 의
사를 가질 수도 없었으며, 또 조금이라도 항거할 의사를 가진 사람
이 나타나기만 하면 곧바로 제거되는 형세였다.[3] 나아가 단종 3년
(1455) 수양대군의 심복인 정인지, 권람 등이 수양대군을 왕으로 추대
하는 공작을 극비리에 추진해 결국 단종은 마지못해 그해 윤閏6월에
수양대군에게 선위禪位하고 수양대군이 세조로 즉위했다.[4] 이런 행위
에 과거 세종과 문종에게 특별한 은총을 받은 구신들은 큰 반감을 갖
게 되었다. 이에 과거 집현전학사 출신의 성삼문, 박팽년, 하위지, 이
개, 유성원 등의 문관들은 성승成勝(성삼문의 아버지), 유응부 등의 무
관들과 상호 모의하며 상왕(단종) 복위의 기회를 엿보고 있었다.

안평대군의 글씨

이 단종 복위거사에 집현전학사 출신인 성삼문, 박팽년 등이 주동
적인 역할을 한 것은 다음과 같은 이유가 있었기 때문이다.

### 2 단종 복위의 주동인물

우리가 세종대왕의 문치 면의 업적을 말할 때 맨 먼저 '집현전' 설치
를 드는 이유는 집현전이 학문연구의 전당이고 인재양성의 총본산
이기 때문이다. 세종은 집현전을 설치한 뒤 유능한 문사를 선발충원
選拔充員하여 경연經筵의 진강進講을 맡게 하고 고금古今의 경사經史를
토론하여 조석으로 왕의 정치상의 자문에 대비하게 함으로써 인재
가 많이 양성되었다.[5]

이러한 시기에 성삼문, 박팽년, 하위지 등은 상시 집현전에서 세
종에게 시강侍講하여 보정補正이 많아 세종의 존경을 받았으며,[6] 또

한글 창제와 번역 작업에도 나서『운회韻會』의 언역諺譯(국역國譯) 사업이 완성되자 박팽년, 이개 등에게 그 노고에 대한 상사賞賜와 접대接待가 매우 후했으며,[7] 세종이 만년에 숙질宿疾로 온천에 행차할 때마다 성삼문, 박팽년, 이개 등이 편복 차림으로 어가를 수행하면서 왕의 고문顧問에 대비했기 때문에 당시 사람들은 이를 영광으로 여겼다.[8] 문종 역시 동궁에 있을 때부터 집현전에 나와 밤늦게까지 성삼문 등과 더불어 학문을 문난問難했다고 하니,[9] 이는 성삼문, 박팽년 등의 집현전학사들이 세종과 문종의 은총을 누구보다도 후하게 받았음을 입증한다.

더구나 이들 집현전학사들은 단종과도 관계가 밀접했다. 왕세자 단종이 처음 '서연書筵'에 나가서 세자시강원의 사師·빈賓들과 상견례를 행할 때 문종이 세자에게 이개, 유성원 등의 집현전학사들에게 '붕우朋友의 예禮'로 대우하도록 명령하고, 또 그

단종의 초상화. 단종은 어린 나이에 조선 제6대 왕으로 즉위하여 숙부인 수양대군에게 왕위를 빼앗기고 상왕이 되었다. 이후 단종 복위운동을 하던 성삼문 등이 죽음을 당하자 서인으로 강등되고 결국 죽음을 맞았다.

들 학사에게도 "세자를 붕우와 같이 대하여 두려워해서 몸을 움츠리지 말고, 할 말을 다하고 고금의 격언을 조용히 상설詳說해주라"고 세자의 교도教導를 간곡히 부탁했다.[10] 또 세종대왕은 성삼문 등이 집현전에 입직할 때, 원손元孫(단종)을 안고 대궐 뜰을 거닐면서 "내가 세상을 떠난 후에는 그대들이 이 아이를 잘 보살펴다오"라고 원손의 장래를 부탁했다.[11]

"문종은 병중에 있을 때, 집현전 제신들을 불러와서 촛불을 켜고 이야기하다가 밤중이 되자 무릎 아래에 세자(단종)를 앉혀놓고 손수 그 등을 쓰다듬으면서 '내가 이 아이를 그대들에게 부탁하오'라면서 술을 내리고는, 임금도 어탑御榻(임금의 의자)에서 내려와 같이 앉아서 먼저 술잔을 들어 권하니 성삼문, 박팽년, 신숙주 등이 모두 술에 취하여 임금 앞에 쓰러졌다. 임금이 내시를 시켜 그들을 입직청入直廳으로 메고 가서 눕혔는데, 그날 밤에 눈이 와서 날씨가 추웠으므로 임금이 초피貂皮 갓옷을 내어다가 손수 덮어주었다. 이튿날 술이 깬 여러 신하들은 이것을 알고 감격하여 눈물을 흘리면서 임금의 특별한 은총에 보답하기를 맹서하였다"[12]고 하니 이러한 세종, 문종의 간곡한 부탁을 남다른 충의忠義 정신을 갖고 있는 집현전학사들이 어찌 잊을 수 있었겠는가? 곧 세종, 문종에게 입은 특별한 은총을 유주幼主 단종에게 보답하는 것이 이들 학사들의 국가에 대한 충성이자 선비가 행할 의무였다.

이 집현전학사 외에 무신인 유응부는 무용이 남달리 뛰어나서 세종과 문종에게 총애를 받아 관위가 2품직二品職 동지중추원사同知中樞院事에 이르렀고,[13] 성삼문의 아버지 성승은 도총관都摠管으로 입직했다가 단종의 선위 사실을 듣고는 분개하여 눈물만 흘렸다고 전한다.[14] 권자신權自愼은 단종의 외숙부로 관위가 호조참판戶曹參判에 이르렀다. 이들이 단종 복위거사에 적극 가담한 것은 은정恩情과 의리義理 때문임은 절로 짐작이 가고도 남는다.

## 3 단종 복위계획의 수립

세조는 실제로는 폭력으로 정권을 찬탈했지만 표면상으로는 단종의 선위에 의하여 정권을 이양받은 셈이다. 그러므로 대내적으로는 이미 국중國中에 즉위 포고문을 내려 일반 민중을 안도시켰지만, 대외적으로는 종주국인 명나라에 이 사실을 알리고 왕위승습王位承襲을 인정받아야 할 절차가 남아 있었다. 그래서 즉위 직후인 그해 7월에 먼저 예조판서禮曹判書 김하金何와 형조판서刑曹判書 우효강禹孝剛을 명나라에 파견하여 국사國事를 승습하게 해달라고 청했다. 명나라에 전한 주문문奏聞文은 "자신(단종)이 유년幼年으로 즉위하여 모든 정무를 신료들에게 위임했기 때문에, 간신들이 모역謀逆하여 화기禍機가 절박했으므로 숙부인 수양대군이 즉시 국난을 평정했다"고 전제하고는, "흉도兇徒가 아직도 잔재殘在하여 인심이 어려운데, 공덕이 있어 국민의 신망을 얻고 있는 숙부 수양대군에게 군국대사軍國大事를 권습權襲(임시승습臨時承襲)케 해달라"[15]는 내용이었다. 그해 10월에 주문사奏聞使 김하는 명나라 황제의 칙서勅書를 받아왔다.

왕(단종)이 주문奏聞한 사실은 대개는 인정할 수 있는데, 짐이 생각하
건대 정치하는 것은 사람에게 달려 있으니 적임자를 얻어야만 나라
가 평안한 법이다. 지금 잠정적으로 왕의 숙부 유(수양대군)에게 국사
를 권서權署하기를 승인하고 있지만, 과연 그 임무를 수행하는지 살
펴서 즉시 보고하면 짐이 다시 왕을 위해서 처치處置하겠다. 혹시라
도 간유姦諛의 무리에게 유혹되어 사계詐計에 떨어져서 불안한 사태

세조가 글씨를 써서 하사한 마곡사 '영산전靈山殿' 판액. 마곡사 영산전은 보물 제800호로 마곡사에
남아 있는 건물 가운데 연대가 가장 오래된 법당이며, 충청남도 공주에 있다.

조선 제7대 왕 세조와 정희왕후 윤씨가 묻힌 광릉. 사적 제197호이며, 경기도 남양주에 있다.

를 초래해서는 안 된다. 왕은 그 점을 조심하고 조심하라.[16]

명 대종代宗의 칙서는 이처럼 단종이 간유의 무리에게 유혹되지 말
도록 신신 당부했다. 그러나 이때만 해도 국왕이 아니라 '권서국사權
署國事'로 승인받은 것이었다. 그래서 세조는 즉시 그해 10월에 복심
腹心의 신하인 예문관대제학藝文館大提學 신숙주와 이조참판吏曹參判
권람을 명나라에 파견해 자신을 국왕으로 책봉해달라고 주청했다.

> 유(세조)가 이미 권서국사로서의 조치가 득의得宜하여 국내가 안정되
> 었는데, 다만 국왕이란 명분을 빨리 결정해야 될 처지이오니 국왕 승
> 인의 책명을 조속히 내려 명호名號를 정당화하여 민심을 안정시켜주
> 십시오.[17]

이러한 외교적인 교섭이 순조롭게 진척되어 세조 2년(1456) 2월 명
나라 책명사冊命使인 윤봉尹鳳과 김흥金興이 양전兩殿(왕과 왕비)의 고
명誥命을 가지고 중국에서 조선으로 향했다.[18]

조정에서는 책명사 영접에 만전의 준비를 갖추었다. 팔도관찰사八
道觀察使에게 명나라에 진헌進獻할 화자火者(환관 후보자)를 간택상송簡
擇上送하도록 유시諭示하고,[19] 집현전에는 대전수찬大典修撰의 업무를
임시 정지시키게 하고,[20] 승정원에는 조신의 예복을 규격에 맞게 준
비하도록 했으며,[21] 명나라 사신이 머무는 도중에는 조정의 고관을
파견하여 접대를 맡도록 했다. 또 주문奏聞의 임무를 완수하고 돌아
온 신숙주에게도 조관朝官을 홍제원弘濟院까지 내보내 영접 위로케

하고, 그가 복명復命하자 세조 자신이 술을 내리면서 대사를 완성한 것을 치하하고[22] 그에게 노비와 전지田地까지 하사했다.[23]

명나라 책명사가 이해 4월에 서울에 도착했는데, 세조는 모화관慕華館에 나가서 명나라 황제의 조칙詔勅을 받게 되었다. 그 내용은 다음과 같다.

조선 국왕 이홍위李弘暐(단종)의 숙부인 이유(세조)에게 칙유勅諭한다. 그대를 책봉하여 조선 국왕으로 삼아 국사를 주관케 하니 그대는 신하된 절의를 삼가 지키고 대국을 섬기는 성심을 더욱 굳게 가져 번방藩邦(제후의 나라)을 영구히 고수할 것이며, 홍위는 작위爵位를 가지고 조용히 살도록 하고, 그대가 상시로 후대를 베풀고 소홀히 하지 마라.[24]

세조는 이 조칙詔勅을 받고는 근정전에 돌아와서 신민들에게 큰 경사를 축하하는 사면赦免의 교지를 반포하고,[25] 즉시 좌의정 한확韓確과 형조판서 권준權蹲을 명나라에 파견하여 황제에게 고명받은 것을 사례하고 또 세자를 책봉해달라고 주청했다.[26]

5월 16일에 세조는 상왕(단종)과 더불어 경회루에서 잔치를 베풀어 명나라 사신 윤봉 등을 대접하고[27] 6월 초1일(기해己亥)에도 세조는 상왕과 더불어 창덕궁에서 잔치를 베풀어 명나라 사신을 대접했다.[28]

이처럼 세조가 재위 원년(1455) 10월에 신숙주를 명나라에 보내 국왕 승인의 책명을 주청했으므로 단종 복위를 기도하는 측에서는 명나라 책명사가 반드시 나올 것이라 예상하고 있었으니, '세조 원년(거년去年) 겨울부터 사육신이 중심이 되어 단종 복위의 거사계획을 모의했다'는 사실[29]이 이를 증명한다. 세조 2년(1456) 4월에 명나라 사신이 우리나라에 온 후에는 본격적으로 실행계획을 수립했다. 이 계획이 세조의 측근인 양성지梁誠之, 구치관具致寬, 한명회韓明澮 등에 의하여 비밀리에 대강 탐지*되었던 사실이 또한 이를 증명한다.

---

* 『세조실록』 권4, 2년 5월 기축조己丑條 "御經筵 侍讀官梁誠之啓 上優禮大臣 累幸其第 然昏夜閭閻之間 與世子勳臣同幸 臣恐不可 宿衛禁兵 勿一時賜酒 (……) 上曰與功臣夜宴何害哉 左承旨具致寬曰 臣與韓明澮亦欲啓焉 誠之之言是 上曰 然 講罷 副檢討官任元濬 退于集賢殿言之 李塏聞之 目朴耆年曰 梁公經濟之才 固人所云也 耆年卽相目反脣 蓋惡中其奸謀也"라는 기사와 사육신의 사건이 발각된 후의 『세조실록』 권4, 2년 6월 경자조 "有人告集賢殿直提學梁誠之 有懼色 (……) 具致寬曰 誠之若有他心 近日輪對 其肯進密策乎"라는 기사를 참조하면, 집현전의 동료인 양성지는 이들 사육신의 계획을 비밀리에 대략 탐지하고 세조에게 사적인 훈신勳臣家의 방문행차를 근신하고 금병禁兵의 대궐숙위를 소홀히 하지 말도록 진계進啓했는데, 이 진계를 세조의 복심인 구치관과 한명회는 옳게 여겨 세조에게 받아들이도록 진언했으며, 한명회는 또 별운검別雲劍을 입시하지 않도록 건의하기도 했다. 따라서 사육신의 단종 복위계획은 이 당시에 이미 진행되고 있었음을 알 수 있다.

사육신이 주동이 된 단종 복위거사의 실제 모의는 이미 반년 이전인 세조 원년(1455) 10월경에 명나라 책명사가 조선에 오겠다고 통고한 이후부터 진행되어, 세조 2년(1456) 6월 초1일 창덕궁에서 열린 명나라 사신 초대연招待宴에서 실행하기로 결정했다. 그러나 이날 세조 제거의 실행책을 맡은 별운검別雲劍이 갑자기 제폐除廢(폐지)됨으로써 이 계획은 실행 일보 전에 일단 차질을 초래하게 되었다. 사육신들은 사태의 급변에 다소 실망하면서 거사계획을 다음 기회로 미루었는데, 동지 중 한 사람인 김질과 그의 장인 정창손의 고변으로 사육신을 비롯한 주동자와 연루자가 모두 주살되어 단종 복위거사는 실패하고 말았다. 이 거사 실패의 기사를 『세조실록』과 『육신전』에서 추려보면 다음과 같다.

**『세조실록』의 기사**

『세조실록』에는 단종 복위거사 동모자들의 이름과 처벌 등에 대해
이렇게 전한다.

### 세조 2년(1456) 6월 2일 경자조

성균관사예成均館司藝 김질이 그 장인인 의정부 우찬성右贊成 정창손
과 함께 밀계密啓가 있다고 청하므로 왕(세조)이 사정전思政殿에 나가
서 김질을 불러보고 물으니, 김질이 아뢰기를 "우부승지 성삼문이 신
에게 말하기를 근일에 혜성이 나타나니* 장차 무슨 일이 있을는가"
했으며, 또 말하기를 "상왕(단종)과 세자가 모두 나이가 어린 분(군君)
인데 만일 두 분이 임금 되기를 다툰다면 상왕을 보좌하는 것이 정도
이니 이 사실을 그대의 장인(정창손)에게 말하게" 하므로, 신은 말하기
를 "그럴 리는 만무하지만 가령 있더라도 나의 장인이 혼자 어떻게
할 수 있겠는가"라고 하니, 삼문은 말하기를 "좌의정(한확)은 명나라
에 가서 아직 돌아오지 않았고 우의정 이사철李思哲은 본래 결단성이
없는 사람이니 윤사로, 신숙주, 권람, 한명회 무리만 먼저 제거한다
면 그대의 장인은 사람들이 모두 정직하다고 여기고 있으니 이런 시
기에 창의倡義하여 상왕을 복위시킨다면 그 어떤 사람이 따르지 않겠
는가? 신숙주는 나와 친한 사이지만 죽는 것이 당연하다"고 했습니다.
이 말을 듣고는 놀랍고 의심스러워서 이내 묻기를 "그대의 의사와 같

---

* 『세조실록』에 세조 2년 5월에 혜성이 나타난 기록이 있다.

은 사람이 있는가?" 하니, 삼문은 "이개, 하위지, 유응부가 이 계획을
알고 있다"고 했습니다.

이상의 밀고가 끝나자 왕은 숙위할 군사를 모으도록 명령하고 급히
승지 등을 부르니 도승지 박원형朴元亨, 우부승지右副承旨 조석문曹錫
文, 동부승지同副承旨 윤자운尹子雲, 성삼문이 입시入侍했다.

왕이 내금위內禁衛 조방림趙邦霖에게 명하여 삼문을 잡아 꿇어앉히고
묻기를 "네가 김질과 더불어 무슨 일을 의논했는가?" 하고는 김질을
불러다가 대질시키니 김질의 고백에 의하여 거사의 전모가 밝혀졌
다. 이내 곤장을 치게 하고는 동모자同謀者를 추궁하니 "박팽년, 이
개, 하위지, 유성원이 동모했습니다" 하였고, 더 있는가 추궁하니 "유
응부와 박쟁朴崝도 이 계획을 알고 있습니다"라고 대답했다. 왕이 하
위지와 이개를 잡아와서 성삼문과 반역을 공모했는지 물으니 두 사
람은 "잘 모르겠습니다"라고 하므로, 왕은 이들을 엄형嚴刑으로 국문
鞫問하려고 했다. 이때 공조참의工曹參議 이휘李徽는 일이 발각되었다

『육신전』 중 이개 부분

사육신 묘역에 있는 이개의 묘

河緯地字天章善山人 世宗朝拔元爲人沈靜寡
默口無擇言恭而有禮過必下馬雖雨泥下馬必下未
嘗過路常在集賢殿待經帷多所裨益及魯山朝位
初冲八公子紙盛人心河 衂朴彭年常備衣於緯
地以詩答之日臨持野業衣知
男曳得失古備今頭有詩云
有意五湖烟 光廟爲首桐盡貴朝服以
前司棄退居善山 光白上拜當在司練下敎滾
之緯地上書暑曰臣疾病縷縷久不平復持家呂迷

「육신전」 중 하위지 부분

하위지의 묘. 경상북도 구미(선산)에 있다.

柳誠源字太初 世宗朝登景谷百歲誅金宗瑞等
自官上請魯山宜廃 世祖之功北周公今柒賢殿
起展功詔草具賢殿負亡去間城原 誠源性高
起詔草出 就家痛哭盡家人不知其故也見
魯山上受誠源成均司藝内懷不平預丙子之
謀事發金三問去誠源時在館有諸生以三問繼事
告之郞金駑還家召坤子取冠束服入祠堂以
祠堂久在往視之則父坐斜來晚臭的酒訣欽上
卯卧拔刃乃擬頸取水策刀刎救之刊無及矣
然不知其所以然欲就而吏來取屍之市

「육신전」 중 유성원 부분

사육신 묘역에 있는 유성원의 묘

는 소식을 듣고는 승정원에 나와서 자진 진술했는데 "성삼문의 집에
서 권자신, 박팽년, 이개, 하위지, 유성원과 모여서 술을 마셨고, 그
모의를 박중림朴仲林, 박쟁도 알고 있음을 성삼문이 말하더라"라고 하
여 두 사람의 모의자가 더 알려졌다.

왕이 사정전에 나가서 이휘를 불러 보고는 다시 성삼문 등을 잡아오게 하고, 또 박팽년 등을 잡아오게 하여 친히 국문했다. 왕이 박팽년에게 곤장을 치게 하고 그 당여黨與를 물으니 "성삼문, 하위지, 유성원, 이개, 김문기, 성승, 박쟁, 유응부, 권자신, 송석동宋石同, 윤영손尹令孫, 이휘, 신의 아비(박중림)뿐입니다"라고 대답했다.

다시 더 대라고 하니 "신의 아비도 감히 숨기지 않았는데 하물며 다른 사람을 숨기겠습니까"라고 했다. 그 실행 방법을 물으니 "성승, 유응부, 박쟁이 모두 별운검이 되었으니* 무엇이 어렵겠습니까"라고 대답했다. 그 실행 시기를 물으니 "어제 명사초대연明使招待宴에서 실행하려고 했으나 마침 장소가 좁다는 이유로 운검을 제폐除廢(폐지)했기 때문에 실행하지 못했는데, 후일 관가觀稼**할 때에 노상路上에서 거사하려고 했습니다"라고 대답했다.

이개를 곤장을 쳐서 신문訊問하니 대답이 박팽년과 같았다. 나머지 사람들은 모두 공초供招에 승복했으나 다만 김문기만은 공초에 승복하지 않았다.[餘皆服招 惟文起不服] 밤이 깊은 후에 모두 하옥시키고, 도승지 박원형 이외의 여러 관원과 대간臺諫 등에게 이들을 국문하도록 명했다. 유성원은 집에 있다가 일이 발각된 것을 알고는 스스로 목을 찔러 죽었다.[30]

---

* 이 별운검 기사 중 소주小註에 "왕이 전상에 있으면 무관 2품 이상의 두 명이 대검을 차고 좌우에 시립侍立하는 법인데, 이날 왕이 상왕과 함께 전상에 있게 되어 성승, 유응부, 박쟁 등이 별운검이 되었다. 왕이 전내가 좁기 때문에 별운검을 제폐除廢하도록 명하니 성삼문이 건의하여 승정원에서 다시 제폐할 수 없다고 아뢰었다. 하지만 왕이 신숙주에게 명하여 다시 전내를 살펴보도록 하고, 마침내 들어오지 못하도록 명하였다"라고 기록되어 있다.
** 왕이 적전籍田에 나가 모심는 것을 관람하는 일.

세조 2년(1456) 6월 초5일 계묘조

의금부에서 대명률大明律의 모반과 대역모반조大逆謀叛條의 형량에 의하여 처형하기를 청하니 왕이 "이번에 모반한 사람들의 친자 10세 이상과 연좌緣坐된 남자 16세 이상은 잡아 가두고, 친자 9세 이하와 연좌된 15세 이하는 보수保授(보증받고 석방함)하고, 이미 공초에 승복한 사람(이복초자已服招者)과 연좌된 사람의 부녀는 먼저 구분하여 처치處置하라"고 명했다.[31]


세조 2년(1456) 6월 6일 갑진조

팔도의 관찰사, 절제사, 처치사處置使에게 유시諭示하기를 "근일에 이개, 성삼문, 박팽년, 하위지, 유성원, 박중림, 권자신, 김문기, 성승, 유응부, 박쟁, 송석동, 최득지崔得池, 최치지崔致知, 윤영손, 박기년朴耆年, 박대년朴大年 (17명) 등이 몰래 반역을 도모했으나 사전에 발각되어 그 정상情狀을 파악하고 있으니, 그대들은 소민에게 이 뜻을 널리 알려[宣諭] 경동驚動하지 말게 하라"고 했다.

전전前前 집현전 부수찬副修撰 허조許慥가 스스로 목을 찔러 죽었는데, 허조는 이개의 매부로 그 또한 이 모의에 참여했기 때문이다.[32]


세조 2년(1456) 6월 8일 을사조

박팽년은 이미 공초에 승복하고 옥중에서 죽었다. 의금부에서 "박팽년, 유성원, 허조 등이 지난겨울부터 성삼문, 이개, 하위지, 성승, 유응부, 권자신과 함께 도당을 결합하여 모반했으므로 그 죄는 능지처사陵遲處死에 해당하니 허조, 박팽년, 유성원의 시체는 차열車裂하여

효수梟首하기를 청합니다" 하니 왕이 이를 승낙했다.[33]

### 세조 2년(1456) 6월 9일 병오조

왕이 사정전에 나가서 의금부제조義禁府提調 윤사로尹師路 이하의 관원과 승지, 대간을 불러 입시케 하고, 성삼문, 이개, 하위지, 박중림, 김문기, 성승, 유응부, 윤영손, 권자신, 박쟁, 송석동, 이휘 등을 잡아와서 그 당여가 있는지 곤장을 쳐서 신문했고, 의금부에서 이개, 하위지, 성삼문, 성승, 박중림, 김문기, 유응부, 박쟁, 송석동, 권자신, 윤영손 등이 도당을 결합하여 유주幼主를 받들어 협보挾輔(어린 임금을 보좌함)하고서 국정을 전천專擅(멋대로 처리함)하려고 했다는 죄목으로 능지처사하고 재산을 몰수하고 연좌하는 것을 모두 율문律文에 의하여 시행하기를 아뢰니, 왕이 그대로 허가했다. 마침내 백관들을 군기감軍器監 앞길에 모아서 빙 둘러 서게 하고는, 이개 등을 차열하여 돌리고 시가市街에 3일간 효수하게 했다.[34]

이상이 『세조실록』에 나타난 단종 복위거사에 관련된 사육신과 그 외의 관련자들의 신문, 처형 기사다.

## 2 『육신전』의 기사

추강 남효온이 쓴 『육신전』은 박팽년, 성삼문, 이개, 하위지, 유성원, 유응부의 사실을 순차적으로 기재했는데, 그중 박팽년, 성삼문, 유

육신사 전경(위)과 사당(아래). 대구 달성에 있다.

응부의 비중이 크므로 이 삼주역의 전기를 중심으로 단종 복위거사
의 개요를 살펴보자.

## 박팽년

단종 3년(을해년, 1455)에 세조가 단종의 선위를 받으니 박팽년은 왕사 王事(국사國事)가 마침내 구제될 수 없음을 알고는 경회루 못을 굽어보고 투신자살하려고 했다. 성삼문이 굳이 말리기를 "지금 신기神器(왕위王位)는 비록 옮겨졌지만 아직 상왕(단종)이 생존하고 있으니 우리들이 죽지만 않는다면 그래도 후일을 기도할 수 있을 것이오. 기도를 하다가 성공하지 못한다면 그때 죽더라도 늦지는 않을 것이니 오늘의 죽음은 국가에 이익이 없을 것이오"라고 하니 팽년이 그대로 따랐다.

조금 후에 외직으로 충청도관찰사로 나갔는데, 조정에 계사할 때는 '신臣'이라 하지 않고 다만 '모관某官'이라고만 썼는데도 조정에서는 이 사실을 알지 못했다.

그다음 해인 세조 2년(1456)에 내직으로 들어와서 형조참판이 되었는데, 성삼문과 성삼문의 아버지 성승, 유응부, 하위지, 이개, 유성원, 김질, 권자신 등과 더불어 상왕(단종)을 복위시킬 것을 모의했다. 이때 명나라 사신이 우리나라에 왔는데, 세조가 상왕과 함께 창덕궁에서 연회를 베풀려고 했다. 팽년 등이 성승과 유응부를 별운검으로 만들어 연회일에 거사하여 성문을 닫고서 세조의 우익羽翼(보좌하는 신하)을 제거하고 상왕을 복위시키기로 하자고 모의하여 계획을 결정했다.

때마침 연회 당일에 왕이 별운검을 제폐하도록 명하고, 왕세자도 질병 때문에 왕을 따르지 않았다. 유응부는 그래도 거사하려고 했으나 팽년과 삼문은 굳이 말리기를 "지금 왕세자가 본관(경복궁)에 있으니 공의 운검이 쓰이지 않는 것은 천운입니다. 만약 여기(창덕궁)서 거사한다 하더라도 왕세자가 변고를 듣고 경복궁에서 군졸을 동원하여

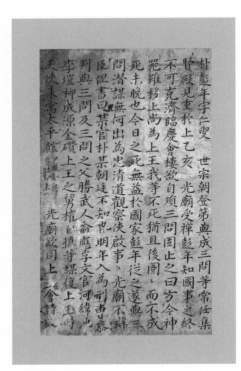

『육신전』 중 박팽년 부분

온다면 일의 성패를 알 수 없으니 후일을 기다리는 것만 같지 못합니다"라고 했다. 유응부가 말하기를 "일은 신속히 하는 것이 좋은데 만약 늦추다가는 누설될까 염려되오. 지금 세자는 비록 오지 않았지만 왕의 우익이 모두 이곳에 있으니 오늘 만약 이들을 다 주살하고는 상왕을 호위하고 호령한다면 천재일시千載一時의 좋은 기회이니 이를 놓쳐서는 안 되오"라고 했다. 하지만 팽년과 삼문은 굳이 못 하게 하

박팽년 종택. 대구 달성에 있다.

면서 "만전의 계책이 아니오"라고 하므로 마침내 중지되고 말았다.

김질이 일이 성공되지 못함을 알고 달려가서 그 장인 정창손과 더불어 모의하기를 "지금 세자가 임금을 따라오지 않았고, 운검을 특별히 세우지 않았으니 천운입니다. 먼저 고발하여 요행僥倖히 살게 되는 것만 같지 못합니다" 하므로, 정창손은 즉시 김질과 함께 대궐에 빨리 나아가서 반역이라고 고발하니 왕이 김질과 정창손은 특별히 사죄赦罪(죄를 사면함)하고 팽년 등을 체포하니 공초에 승복했다. 왕이 그 재주를 아껴서 비밀히 타이르기를 "네가 나에게 귀순하고 처음 계획을 숨긴다면 살게 될 것이다" 하니 팽년이 비웃으면서 대답하지 않고는 임금을 일컫되 반드시 '진사進賜(왕자에 대한 존칭)'라고 하므로, 왕이 그 입을 다물게 하고는 "네가 이미 나에게 '신臣'을 일컬었으니 지금 비록 '신臣'을 일컫지 않더라도 소용이 없다"라고 했다. 그러나 팽년이 대답하기를 "나는 상왕의 신하인데 어찌 진사의 신하가 되겠습니까"라고 했다. 일찍이 충청감사로 1년간 재직할 때 장독狀牘에 '신臣'이라 일컫지 않았다고 하므로, 사람을 시켜 그 계목啓目*을 조사해 보니 과연 한 자도 '신臣'이라는 글자가 없었다.


## 성삼문

단종 원년(계유년, 1453)에 세조가 김종서 등을 주살하는 계유정난을 일으키고 집현전의 여러 신하들에게 '정난공신靖難功臣'의 칭호를 모두 주었으나 성삼문만은 이를 부끄럽게 여겼다. 여러 공신들이 돌아

---

* 국왕에게 올리던 문서 양식 중 하나.

성삼문의 사당이 있는 문절사. 충청남도 연기에 있다.

가며 연회를 베풀었으나 그는 홀로 베풀지 않았다.

단종 3년(을해년, 1455)에 세조가 단종의 선위를 받을 때 삼문이 예방 승지禮房承旨로서 국새를 안고 통곡하니, 부복俯伏(고개를 숙이고 엎드림)하여 사양하는 척하던 세조가 머리를 들고서 이 광경을 주의하여 똑똑히 보았다. 다음 해인 병자년(세조 2년, 1456)에 그 아버지 성승, 박팽년 등과 함께 상왕을 복위시킬 것을 모의하고는, 명나라 사신을 초청 연회하는 날에 거사하기로 기약하고 집현전에서 회의했다. 삼문이 "신숙주는 나의 친한 친구이지만 죄가 무거우니 목 베지 않을 수가 없다"고 말하니 모두 "그렇다"고 대답하고서 무사들에게 각기 죽일 사람을 맡게 하고 형조정랑 윤영손은 신숙주를 맡았는데 때마침 그날 운검을 세우지 않았기 때문에 계획이 중지되고 말았다.

일이 발각되어 삼문이 잡혀갔는데 세조가 친히 국문하면서 꾸짖기를 "그대들은 무엇 때문에 나를 배반하느냐" 하니 삼문이 대항하여 말하기를 "고주故主(단종)를 복위시키려는 것뿐입니다. 천하에 누가 그 군주를 사랑하지 않는 사람이 있겠습니까? 내 마음은 온 나라 사람들이 다 알고 있는데, 어째서 배반한다고 합니까. 진사進賜가 평일에는 걸핏하

『육신전』 중 성삼문 부분

면 주공周公*의 예를 인용했는데, 주공 또한 이런 일을 한 적이 있습니까. 삼문이 이런 일을 한 것은 하늘에는 해가 둘이 있을 수 없고, 백성에게는 임금이 둘이 있을 수 없는[天無二日 民無二王] 그 까닭입니다"라고 했다. 세조가 발을 구르면서 말하기를 "내가 선위를 받던 초기에는 어찌 저지시키지 않고서 나에게 의지해 있다가 지금에 와서 나를 배반하는가"라고 하니 삼문은 대답하기를 "사세가 될 수 없었기 때문입니다. 내가 진실로 나아가 금지시키지 못했으니 물러와 한번 죽는 일만이 있음을 알고 있었지만, 헛된 죽음이 무익한 일이기에 참고 견디면서 지금까지 이른 것은 후일의 보효報效를 도모하려고 한

---

\* 주나라 초기의 정치가로 무왕의 아우이고 성왕의 숙부다. 무왕이 붕어하고 어린 성왕이 즉위하자 어린 성왕을 잘 보좌하여 관숙管叔과 채숙蔡叔(주공의 형과 아우)의 반란을 평정하고 주 왕실의 기초를 확립했다.

성삼문의 유허비(위)와 비각(아래). 비각
뒤는 성삼문의 생가 터이며, 충청남도
연기에 있다.

것뿐입니다"라고 했다. 세조가 "너는 내 녹祿을 먹지 않았느냐? 녹을 먹고도 배반하는 것은 믿을 수 없는 사람이다. 명분은 상왕을 복위시킨다고 하면서, 실상은 네가 임금이 되려고 한 짓이지"라고 하니 삼문은 "상왕이 계시는데 진사가 어찌 나를 신하로 삼겠습니까? 진사의 녹은 먹지 않았으니 만약 믿지 못한다면 내 집을 적몰籍沒*하여 헤아려보시오"라고 했다.

세조는 몹시 노하여 무사를 시켜 쇠를 불에 달구어 그 다리를 뚫고 그 팔을 자르게 했으나, 삼문은 안색이 변하지 않으며 천천히 말하기를 "진사의 형벌이 너무 참혹하오"라고 했다. 이미 죽고 난 후에 그 집을 적몰해 보니, 을해년(세조 즉위년, 1455) 이후의 봉록은 별도로 두고서 '모월某月(아무 달)의 록祿'이라 써두었으며, 집에는 남은 것이 없고 침방에 다만 거적자리만 있을 뿐이었다.

## 유응부

병자년(세조 2년, 1456)에 일(단종 복위거사)이 발각되어 잡혀서 대궐 뜰에 끌려왔다. 세조가 묻기를 "너는 무슨 일을 하려고 했느냐" 하니, 유응부는 대답하기를 "명나라 사신을 초청 연회하는 날에 일척검一尺劍으로 족하足下(세조를 지칭)를 '죽여' 폐위시키고 고주故主(단종)를 복위시키려고 했으나, 불행히 간사한 사람(김질을 지칭)에게 고발을 당했으니 응부는 다시 무슨 일을 하겠소. 족하는 빨리 나를 죽여주시오"라고 했다. 세조가 노하여 꾸짖기를 "너는 상왕을 복위시킨다고 핑계

---

* 중죄인의 재산을 몰수하고 가족까지 처벌하던 일.

하고는 사직社稷을 도모圖謀하려고 한 것이지"라고 말하고, 무사를 시켜 피부를 벗기게 하고서 진상眞狀(사직을 도모한 진상)을 신문했으나 자복하지 않았다. 성삼문 등을 돌아보고 말하기를 "사람들이 서생書生은 함께 일을 모의할 수 없다고 하더니 과연 그렇구나. 지난번 사신을 초청 연회하는 날에 내가 칼을 사용하려고 했는데 그대들이 굳이 말리면서 '만전의 계책이 아니오' 하더니 결국은 오늘의 화를 초래했으니 그대들처럼 꾀와 수단이 없으면 축생畜生(짐승)과 무엇이 다르겠는가?" 하고서, 세조에게 말하기를 "만약 이 사실(단종 복위거사) 밖의 일을 묻고자 한다면 저 쓸모없는 선비[豎儒]에게 물어보오"라고 한 뒤 곧 입을 닫고 대답하지 않았다.

세조는 더욱 성이 나서 달군 쇠[灼鐵]를 가져오라고 하여 배 밑을 지지게 하니, 기름과 불이 함께 이글이글 타올랐으나 안색이 변하지 않고서 천천히 달군 쇠가 식기를 기다려 그 쇠를 집어 땅에 던지면서 "이 쇠가 식었으니 다시 달구어오라" 하면서 끝내 굴복하지 않고 죽었다. (······)

그는 키가 남보다 크고 용모는 엄숙하고 씩씩했으며, 청렴하기는 오릉

『육신전』 중 유응부 부분

중자於陵仲子*와 같아서 재상이 되었는데도 거적자리로 방문을 가리고 때로는 양식이 떨어질 때도 있었다. (……)

일찍이 함길도 절제사가 되었을 때 시를 지었다.


장군이 절월節鉞**을 가지고 변방 오랑캐 진압하니

변방은 평온해지고 사졸은 편안히 잠잘 수 있네

준마 5천 필은 버드나무 아래서 울고 있고

억센 매 300마리는 수루戌樓 앞에 앉아 있구나

將軍持節鎭夷邊 紫塞無塵士卒眠 駿馬五千嘶柳下 良鷹三百坐樓前


이 시에서도 그의 '늠름한 장군다운' 기상을 알 수 있다.


이상이 『세조실록』과 남효온의 『육신전』에 나타난 사육신 사절死節에 관한 기사다.

다른 주장을 하는 사람(이론자異論者)들이 유응부의 사실과 김문기의 사실이 바뀌었다고 지적하는 부분은 대개 다음과 같은 것이다.

---

* 오릉에 사는 진중자陳仲子를 말한다. 전국시대 제나라 사람인데, 맹자에게서 너무 청렴하다는 비평을 받기도 했다.
** 임금이 장수에게 주는 부절과 도끼.

## 3 이론자異論者들의 논리는 무엇인가

### 1. 관직이 서로 바뀌었다

유응부는 함길도절제사를 역임한 사실이 없는 반면 김문기는 함길
도도절제사를 역임한 사실이 있으니 『육신전』에 유응부가 함길도절제
사가 되었다는 내용은 김문기에 관한 사실을 유응부의 사실로 바꾸
어 썼다는 주장이다.

유응부는 세종 31년(1449) 6월 1일에 경원절제사慶源節制使로 임명
되었고[35] 단종 원년(1453) 10월 15일에는 평안도도절제사平安道都節制
使로 임명되었으니* 전자의 경원절제사라는 기사를 함길도 지방의
경원절제사로 확대해석한 것으로 볼 수 있다. 또한 평안도도절제사
를 역임한 것을 남효온이 함길도절제사로 잘못 기록했다고 하더라
도 유응부에 관한 전체 기사에 영향을 주지는 않는다.

### 2. 유응부는 재상이 아니다

『육신전』에 유응부가 재상宰相이 되었다는 기사가 있는데, 동지중추
원사同知中樞院事(무관의 종2품)인 유응부는[36] 재상으로 일컬을 수 없
고, 오직 공조판서(문관의 정2품)인 김문기만이 재상으로 일컬을 수

---

* 『단종실록』 권8, 원년 10월 무술조戊戌條 「유응부평안도도절제사俞應孚平安道都節制使」.
  『연려실기술燃藜室記述』에는 「공상위북병사公嘗爲北兵使」라는 기사가 있는데 유응부의 북방진무 경력
  을 기술한 것이라 볼 수 있다.

있다는 주장이다.

2품 이상의 문·무관을 재상이라고 통칭한 예는 왕조실록과 다른 기록에서도 흔히 볼 수 있다. 『세조실록』도 지중추원사知中樞院事(정2품)인 성승을 재상이라 칭했고,[37] 특히 동지중추원사(종2품)인 유응부를 재상이라 칭한 기록도 있다.[38] 더구나 첨지중추원사僉知中樞院事(정3품)인 민발閔發에게도 재상이라 칭했으니,[39] 『육신전』에서 유응부를 재상이라 칭한 것을 두고 김문기를 유응부로 잘못 썼다고 볼 수는 없다.

유응부의 유허비. 경기도 포천에 있다.

## 3. 유응부와 김문기의 불복초 사실이 바뀌었다

김문기가 공초에 '불복不服'한 것을 유응부가 불복한 것으로 바꾸어 썼다는 주장이다.

유응부 충목단. 경기도 포천에 있다.

유응부와 김문기는 모두 불복했지만『세조실록』에 나타난 김문기의 '불복'과『육신전』에 나타난 유응부의 '불복'은 그 내용이 다르다.『세조실록』에는 "나머지 사람들도 다 공초에 승복했으나 오직 김문기만이 불복했다"*는 기사가 나온다. 이는 김문기가 혐의 자체를 끝까지 부인했다는 뜻이다. 김질의 고변으로 거사의 전모가 밝혀지자 '나머지 사람들은 이 거사모의에 책임을 지고 공초에 승복했으나 오직 김문기만은 공초에 승복하지 않았다'는 뜻이다. 김문기는 국문 현장에서 자신의 거사 가담 사실을 끝까지 부인했다. 물론 이것이 그가 거사모의에 가담하지 않았음을 의미하지는 않지만 혐의 내용은 끝까지 거부한 것이다.

이에 비해서 유응부의 불복은, 그가 세조에게 "복위거사 이외의 다른 일은 저 쓸모없는 선비[豎儒]에게 물어보오"[40] 하고는 달군 쇠로 지지는 작철형灼鐵刑의 모진 고문에도 끝까지 굴복하지 않고 죽었다[此鐵冷 更灼來 終不服而死]는 것이다. 유응부는 자신이 세조를 수인手刃(손수 칼로 찌름)하는 행동책을 맡았음을 솔직히 자백했다. 세조가 "사직을 도모하려고 한 것이지"라면서 그 자신이 왕이 되려고 한 것이 아니냐고 우기는 말에는 일절 함구하고 당당한 자세로 운명했다.

곧 김문기의 불복은 공초에 승복하지 않았음을 말하고 유응부의 불복은 거사 가담은 인정했으나 고문에 굴복하지 않았음을 말하는 것이다. 따라서 이 양자의 불복을 동일시하여 사실을 혼동 전도시켜

* 『세조실록』 권4, 2년 6월 경자조庚子條 "杖訊李塏 對如彭年 餘皆服招 惟文起不服" 이개를 곤장을 쳐서 신문하니 대답이 박팽년과 같았다. 나머지 사람들은 공초(범죄 사실)에 승복했으나 다만 김문기만은 공초에 승복하지 않았다는 기사다.

서는 안 된다. "나머지 사람들도 다 공초에 승복했으나 오직 김문기
만은 불복했다[餘皆服招 惟文起不服]'라는 기사의 '불복'은 '공초에 굴
복하지 않았다'는 뜻의 '불복초不服招'에서 '초招' 자를 생략한 것인
데도 신문에 굴복하지 않는 '불복不服'으로 확대 해석한 결과에 불과
하다. 앞 문장 '복초服招'에서 '초招' 자는 공초에 승복했음을 의미한
다. 『세조실록』에는 이 사건을 기록하면서 "이미 공초에 승복한 자
[服招]의 연좌인 가운데 부녀자들은 우선 구처하라[已服招者 緣坐人內婦
女 其先區處]"[41]는 기사나 "박팽년은 이미 공초에 승복[服招]하고 옥중
에서 죽었다[朴彭年已服招 死於獄中]"[42]라는 기사 등에서 알 수 있듯이
복초는 모두 공초에 승복했음을 의미하는 말로 사용되었다. 유독 김
문기의 경우에만 신문에 불복했다는 뜻으로 사용되지는 않았다.

김문기에 관한 사료인 『백촌 김선생 유사』의 발문을 쓴 20여 명의
공경公卿 유사들도 김문기의 불복을 공초에 승복하지 않은 것으로
보았다. 곧 김문기의 불복은 현재 이론자들이 다른 해석을 들고 나
오기 전에는 그동안 모두 공초에 승복하지 않은 것을 뜻했다.

## 4. 김문기가 거사의 총지휘자다

이론자들이 가장 중요시하는 것은 "김문기가 이때 도진무都鎭撫가
되었는데 박팽년, 성삼문과 모의하기를 '다만 여등汝等(그대들)은 궐
내에서 성사成事만 하오. 나는 밖에서 병졸을 거느리고 있으니 비록
항거하는 자가 있더라도 제어하기가 무엇이 어렵겠소'"[43]라고 말한
『세조실록』의 기사다.

이론자들은 김문기가 역임한 도진무를 병력 동원의 책임자로 규정하고 있지만, 이 당시의 군제로 볼 때 진무소鎭撫所는 병조에 예속되어 있었고 도진무는 두 명 이상이 겸직하는 자리이니[44] 김문기를 병력 동원의 책임자로 보는 것은 확대 해석이다. 또 김문기가 말한 성사成事는 궐내(창덕궁 내)에서 유응부 등 별운검이 세조를 살해하고 일을 성사시킨 후에는 자신이 밖에서 뒷일을 돕겠다는 뜻이다. 따라서 이는 거사를 응원 격려하는 말이지 명령 지시하는 말은 아니다.

또 '여등汝等'을 '그대들'이라 해석하면서 성삼문, 박팽년, 유응부 등에게 명령 지시했다고 하는데, 이는 당시 상대방을 부르는 용어를 모르기 때문에 나온 견해다. 이 당시에 나이가 적은 상대에게는 여배汝輩라고 일컫기도 했고, 나이가 같은 동료에게는 '여汝'라고 불렀고, 나이 많은 선배에게는 '공公'이라 일컬었다. 유응부가 연하의 성삼문 등에게 여배汝輩라고 말했으며,[45] 성삼문이 나이가 비슷한 김질에게 여汝라고 했고,[46] 박팽년·성삼문이 나이가 많은 유응부에게 공公이라고 한 것이다.[47] 따라서 여등은 대등한 지위의 사람들을 지칭하는 용어다.

이 밖에도 이론자들의 고증은 소루疎漏(소홀)한 점이 한두 가지가 아니지만 몇 가지 예만 들어보면 다음과 같다.


① 출신과 성행性行(성품과 행실)

유응부는 무인 출신이고 김문기는 문인 출신이다. 두 사람은 비록 문무겸전했지만 그 출신 성분은 명백히 무인과 문인으로서 다르다. 추강 남효온은 『육신전』에서 유응부에 대해 "유응부는 무인이다. 풍

사육신 묘역에 있는 유응부의 묘

채가 좋고 용감하며 활을 잘 쏘아서 세종과 문종의 사랑을 두텁게 받아 벼슬이 2품에 이르렀다[兪應孚 武人也 雄勇善射 英廟文廟 皆愛重之 位至二品]라고 무인 출신으로 세종, 문종의 사랑을 받아 관위가 2품직(동지중추원사)까지 이르렀음을 명백히 표시하고, 그가 함길도(경원)절제사가 되었을 때 지은 앞의 시를 실었다.

남효온은 "이 시에서도 그의 늠름한 장군다운 기상을 알 수 있다"라고 적었다. 유응부가 무인인 데 비해서 김문기는 문인이고 무인 출신이 아닌 것은 그의 경력[48]이 증명한다.

② 가족과 향리鄕里(고향)

유응부는 노모 시하에 아우가 있고, 아들은 없고 딸만 둘 두었으며, 그의 전장田庄은 포천에 있다. 『세조실록』은 유응부를 포천 사람이라고 적었는데[49] 남효온의 「유응부전」은 이에 대해 "유응부는 효성이 지극하여 어머니의 마음을 위로할 만한 일은 무엇이든지 다 했다. 그는 아우 응신과 함께 어머니를 모시고 포천의 전장에 가면서 형제가 마상에서 몸을 뒤쳐 나는 기러기를 단번에 쏘아 맞혀 어머니의 마음을 기쁘게 했다. (……) 아들은 없고 딸만 둘이다[無子有二女]"[50]라고 기록했다. 『세조실록』뿐만 아니라 훗날 『정조실록』도 그를 포천 사람이라고 적었는데 이는 『육신전』과 일치한다.[51]

그러나 『세조실록』은 김문기의 전장이 옥천에 있으며,[52] 『세종실록』은 계모 시하의 독자이고,[53] 다른 기록에는 아들과 손자도 있다고* 전한다. 이러한 사실은 추강 남효온이 『육신전』에 쓴 유응부의 기사는 김문기를 혼동해 쓴 것이 아님을 분명히 알 수 있다.

이처럼 『육신전』 중 유응부의 기사를 검토해보면 왕조실록의 기사와 대부분 일치한다. 그러나 이론자들은 유응부의 관직 표시가 일부 잘못 기재된 것을 빌미로 유응부의 전기 자체를 송두리째 김문기의 전기로 변조하려고 하고, 이것이 어려워지자 『육신전』 자체를 신뢰할 수 없는 기록으로 돌리고 있다. 이는 사실을 외곡**하고 국민을 우롱하는 해괴한 논지다.

---

* 『노호지魯湖志』에 의하면 "김문기의 아들 현감 현석玄錫은 그의 아버지와 함께 죽었고, 그의 손자 충지忠智 등은 몰락하여 종이 되어 상주로 정속定屬되었다가 그 후 증손자 영시永時, 영수永守가 조상의 무덤이 있는 고장으로 옮기기를 자원하여 영동永同으로 이속되는 것을 허락받았다"고 한다.
** 사실과 다르게 해석하거나 그릇되게 한다는 뜻으로, '왜곡'은 잘못된 표기이며 '외곡'이 올바른 표기다.

역사상 중대한 사건이 그 당시 정권에 반항하고 거역한 사건이면 그 사실의 내용을 은폐 기휘하는 것이 하나의 상례로 되어 있다. 사육신의 단종 복위거사가 당시 기휘에 속했던 것은 달리 설명할 필요가 없을 것이다. 따라서 당시의 공식 기록에서 육신을 절의節義로 평가한 내용을 찾을 수 없는 것은 당연한 일이다. 다만 후대의 공식 기록에서는 절의로 평가한 기록을 찾아볼 수 있다. 이들 사육신의 절의가 어떻게 평가되었는지 공사의 각종 기록을 검토하여 살펴보자.

## 1 왕조 사관의 처지

수양대군은 단종을 보필하는 황보인·김종서 등을 포력暴力으로 제거한 후, 이들은 '반역죄인反逆罪人'으로 몰고 자신들은 '정난공신靖難功臣'이라는 영예를 차지했다. 정난공신들이 정권을 장악한 상황에서 당시의 사관들은 이 사실을 정당화하는 역사기록을 남겼다. 『노산군일기』, 곧 훗날의 『단종실록』은 김종서가 안평대군(이용)에게 기증한 시를 인용하고는 "이 시는 김종서가 이용에게 인심을 수습하여 모반하기를 비밀히 재촉한 것이다"[54]라고 논평했고, 수양대군이 포력으로 거사한 사실에 대해서는 "몇몇 사람과 함께 10월 초10일에 거의擧義하기로 약속했다"[55]고 기재했는데, 이것이 정난사건을 정당화한 기사 중의 한 가지 예다.

사육신에 대해서도 『세조실록』에서는 김질의 고변에 의한 거사 관계자의 신문 처형 등의 경과를 설명한 후에, 그들의 이러한 행동 동기를 다음과 같이 기재했다.

성삼문은 성질이 조급하여 승진을 바라고 있는데 자신이 중시重試에서 장원을 하여 명성이 남보다 앞서 있었는데도 오랫동안 제학提學과 참의參議의 관직에서 진로가 막혀 있었고, 그 아버지 성승은 평소부터 안평대군과 가깝게 지냈는데 일찍이 의주목사로 있을 때 살인의 죄를 범했으므로 관직이 파면되고 고신告身(직첩職帖)과 과전科田이 회수된 상태였다. 안평대군은 그 일당에게 "성승은 나와 가까우니 만약 변고가 있다면 당연히 내 말[馬] 앞에 설 사람이다" 하고는, 이에 고신과 과전을 임금에게 계청啓請하여 환급했다. 이 말이 사람들에게 퍼져서 알려지니 삼문은 이 일로 해서 스스로 의심쩍게 여기고 있었다.
박팽년은 여서女婿(사위)인 이천李瑔(세종의 8남 영응군永膺君)의 일 때문에 매양 화가 자기에게 미칠까 두려워하고 있었고, 하위지는 그 전에 임금에게 견책을 당했기 때문에 원망을 품고 있었으며, 이개와 유성원은 관질官秩이 낮아 번민하면서 진출進出을 생각하고 있었다.

이들이 마침내 깊이 결탁하여 조급히 서둘러 서로 왕래하면서 정적情迹을 속이고 숨기니 사람들이 모두 의아스럽게 여기고 있었다.

김문기는 박팽년의 족친이 되었고 또 친밀히 사귀고 있었으므로 박팽년, 성삼문에게 "그대들은 궐내에서 성사만 하오. 나는 밖에서 병졸을 거느리고 있으니 뒷일을 수습하겠다"고 했다.[56]

『세조실록』의 이 기사들은 이들이 순전히 개인의 사감私憾을 가지고 국가에 반역행동을 했다는 것으로, 육신의 절의에 대한 평가를 찾아볼 수 없다.

거사 주모자를 파악하는 데도 김질의 고변 내용과 다른 내용을 검토해보면 성삼문을 주모자로 파악한 것이 분명한데도 『세조실록』의 다른 기사에서는 이개를 주모자로 파악하기도 하고[57] 박팽년을 주모자로 파악하기도 했으니,[58] 『세조실록』을 편수한 사관은 그때 그때의 편의에 따라 기술했을 뿐 그 기술 자체에 일관성이 없음을 여실히 나타낸다.

이에 비해 『육신전』은 육신의 절의 수립에 대하여 확호確乎한 사관을 가지고 기술했으므로 육신의 절의 평가에 대한 기록으로는 『세조실록』보다 가치가 뛰어나다. 그 후 시대가 바뀌고 세론이 정론으로 기울어지자 왕조의 사관들도 앞 시대의 잘못된 사실을 바로잡아 기록하게 되었는데, 단종의 홍서薨逝에 대한 왕조실록의 전후 기사[59]가

단종의 무덤인 장릉. 강원도 영월에 있다.

이를 단적으로 반증한다. 『세조실록』은 "노산군이 목매어 죽으니 예로써 장사지냈다"고 되어 있으나 『현종실록』에서는 "단종이 살해당한 후 아무도 시신을 수습하지 않았는데, 영월군의 군리郡吏 엄흥도가 수습해 장사지냈다"면서 그 절의를 칭찬하는 것으로 바뀌었다.

단종의 유배지인 청령포. 노산군魯山君으로 강봉된 단종은 세조 3년(1457) 6월 강원도 영월의 청령포로 유배되었는데 그해 여름에 서강이 범람하여 청령포 일대가 침수되자 8월에 강 건너 영월부의 객사인 관풍헌觀風軒으로 처소를 옮겼다가 그해 10월 세상을 떠났다.

## 2 사림 절의파節義派의 관점

사육신을 절의로 평가한 기록으로는 제일 먼저 추강 남효온이 쓴 『육신전』을 들 수 있다. 남효온 자신이 절의를 숭상하던 사림파 중 한 사람으로 육신의 절의를 영구히 보전하기 위해 목숨을 걸고 썼으므로 『육신전』은 그 입전立傳 자체의 정신이 왕조실록을 쓴 사관의 처지와는 엄연히 구분된다.

남효온은 그 당시 사림파士林派의 영수領袖인 점필재佔畢齋 김종직金宗直의 문도로, 사관史官인 탁영濯纓 김일손金馹孫과 서로 교유交遊하고 있었다. 따라서 사육신에 관한 사실은 스승 김종직과 종유從遊

인 김일손에게서 충분히 들었을 것이다.[60] 더구나 김종직은 「조의제문弔義帝文」에서 세조를 단종을 죽인 역적으로 꾸짖고 단종의 비참한 최후를 조위弔慰했으며,[61] 김일손은 세조의 소위 정난 당시에 화를 당한 황보인, 김종서의 죽음에 대하여 '사절死節'했다고 직서直書했으니[62] 이러한 절의節義 숭상적崇尙的인 사우간師友間의 분위기에서 남효온의 『육신전』이 나올 수 있었던 것이다. 김종직이 「조의제문」을 쓰면서 춘추필법을 거론한 것처럼 『육신전』도 마찬가지 관점에서 쓴 직필임을 충분히 추찰推察(미루어 생각하여 살핌)할 수 있다.

따라서 남효온은 『육신전』 벽두劈頭에 육신들이 모두 세종과 문종의 사랑과 신임을 받았기 때문에 유주幼主 단종에게 충성으로 보답하는 것이 그들에게 부여된 의무였음을 전제한 것이다. 남효온이 "박팽년과 성삼문이 성승과 유응부 등 몇몇 사람과 모의했다"고[63] 쓴 것은 이 거사의 주모자인 박팽년과 성삼문이 행동책인 성승과 유응부 두 사람과 모의했음을 밝힌 것이고, 일이 발각된 후의 신문 장면에서도 성삼문, 박팽년, 유응부가 세조의 모진 고문에 불복하고 당당히 항변한 자세를 더욱 선명하게 부각하고는, 끝에 가서 그들이 불의한 세조의 녹을 먹지 않고 청렴결백한 지조를 끝까지 지켰음을 힘주어 기록하여 후세 사람들에게 깊은 감동을 주었다.

『육신전』은 비록 남효온이 전문傳聞에 의하여 기록한 것이지만, 역사기록이란 김일손이 연산군에게 "전문으로 들은 기사를 대개 사관이 얻어 기록하는 것이다"라고 말한 것처럼 전문을 기사화하기도 한다.[64] 남효온의 『육신전』은 육신의 충절을 자신의 확고한 사관에 입각해 조리정연하고 실감나게 묘사한 작품으로, 『육신전』 덕분에 사

육신의 절의가 후세에 더욱 널리 알려져서 오늘날까지 우리의 머릿
속에 자리 잡게 되었음을 알 수 있다.

## 3 사육신 절의가 공인되다

사육신이 절의로 평가받기까지는 후세의 공론公論이 시비是非를 정
할 때까지 기다려야 했는데,[65] 그것은 당시 정치 정세의 기복起伏이
작용했기 때문이다. 율곡栗谷 이이李珥의 『석담일기石潭日記』에는 성
종 때 사림파 김종직이 왕에게 "성삼문은 충신입니다"라고 했더니
성종이 깜짝 놀라 낯빛이 변했다고 적혀 있으며,[66] 『성종실록』에는
남효온이 소릉昭陵(단종 모후의 능) 복위에 대해 상소했으나 성종은 이
건의를 다시 거론하지 말도록 전지했다고 기록되어 있다.[67] 그러나
다음 연산군 시대에 와서는 사림파와 대립관계에 있던 훈구파에 의
하여 김종직의 「조의제문」이 세조를 비방한 불온문서로 고발되면서
사화가 발생해, 이 작품을 사초에 수록한 김일손은 능지처형凌遲處刑
되고 이미 사망한 김종직도 화를 입고 『육신전』을 쓴 남효온도 김종
직의 문도이기 때문에 부관참시剖棺斬屍의 형을 당했다.[68] 이처럼 그
당시 세조의 정난과 단종 복위기도 사건은 일체 기휘에 속해 있었음
을 미루어 짐작할 수 있다.

　그러나 포군暴君 연산군이 폐위되고 중종이 즉위하자 조신朝臣들
이 절의節義 문제를 국력 배양의 측면에서 거론했는데, 중종이 참석
한 조강朝講에서 성삼문, 박팽년 등에게 난신亂臣이란 죄명을 벗기고

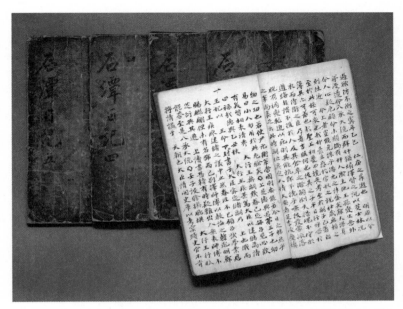

율곡 이이의 『석담일기石潭日記』. 성종 때 사림파 김종직이 왕에게 "성삼문은 충신입니다"라고 했더니 성종이 깜짝 놀라 낯빛이 변했다고 기록되어 있다. (국립중앙도서관 소장)

충신으로 평정하기를 건의하기도 했으며,[69] 과거 연산군 때는 발간이 금지된 남효온의 시문집도 인출印出 반포되었다.[70]

사육신이라는 명칭이 성삼문, 하위지, 박팽년, 유응부, 이개, 유성원의 순으로 왕조실록에 처음 나타나는 것은 인종 원년(1545) 4월 9일 신축조에 시강관侍講官 한주韓澍가 조강朝講에서 아뢴 기사에서다.[71]

성삼문·하위지·박팽년·유응부·이개·유성원 등이 난亂을 꾀하다가 주살誅殺되었습니다. 대개 충의忠義의 인사는 이러한 때에 많이 나오게 되니, 저 육신六臣은 그때는 대죄大罪를 입어 마땅하나 그 본심을 논하면 옛 임금을 위한 것입니다.

한주가 이렇게 말한 그때는 이미 남효온의 『육신전』이 세상에 반포되어 일반 지식인들은 사육신이 누구이며, 어떠한 일을 했는지 알고 있었으리라 짐작되는 때다. 그럼에도 선조宣祖 때까지도 사육신은 기휘 대상이었다. 『선조실록』에는 선조 때 판서 박계현朴啓賢이 성삼문을 충신이라며 『육신전』을 인용하자 선조가 가져다 보고는 매우 놀라면서 '자기의 선조先祖(세조)를 무욕誣辱(무고하고 욕함)한 기사'로 인정하여 그 기록을 모두 수색하여 불태우고 이 내용을 전어傳語한 사람을 처벌하도록 명하기도 했다.[72] 이때 율곡 이이는 "『육신전』의 충절은 인정되지만 당금의 말할 일은 아닌데 박계현이 『육신전』의 기록을 선조에게 알려서 보게 한 것은 사리에 어두운 처사다"라고 비난하기도 했다.[73] 그만큼 사육신의 재평가 문제는 왕의 선조(세조)가 직접 관계된 일이므로, 공자가 『춘추春秋』를 지을 때 '나라를 위해 나쁜 것을 숨기는[爲國諱惡]' 전례를 인정한 것을 적용해 이 일을 직접 거론하는 것을 기피해왔다.

그러나 시대가 변하고 세론世論도 점차 귀정歸正됨에 따라 숙종 때에는 사육신과 생육신을 모두 절의의 표본으로 삼아 국가에서 이를 표창해야 한다는 건의가 일어나 이를 그대로 받아들였다.[74] 나아가 정조 때에 이르러서는 절의 숭상의 범위를 더 넓혀 단종을 위해 충성을 바친 모든 신하들에게 「어정배식록御定配食錄」*을 편정하도록 했는데, 당시 내각과 홍문관에 명령하여 국가의 참고할 만한 공사 문적을 널리 참고하도록 하여 신중하고도 세밀하게 편정했다. 「어정

---

* 임금의 명에 의해 공신의 신주를 배향하는 것.

배식록」에는 '성삼문·박팽년·이개·하위지·유성원·유응부'가 '사
육신'이라는 명칭으로 편정되어 있으며, 김문기는 삼중신 중 한 분으
로 모셔져 있다.* 이는 국가에서 사육신을 위 여섯 분으로 공인했음
을 뜻하는 것이다. 남효온의 『육신전』에 수록된 육신은 이제 국가의
공인을 받아 사육신이라는 명칭으로 국가에서 제사를 받기에 이르
렀다. 이로부터 사육신과 생육신의 절의는 국가적으로 공인되어, 이
론자들이 문제를 제기하기 전까지 아무런 이의 없이 국민들에게 각
인되었다.

---

* 『정조실록』 권32, 15년 2월 병인조丙寅條 "建配食壇于莊陵 (……) 上敎日 (……) 日前駕過露梁 出六臣祠
與墓之傍 移時駐彈 眺望咨嗟者 久之 行殿宿次 不禁起感 六十句侑祭之文 呼燭起寫 以若曠想之心 有若鄭
重之典 六臣固赫赫卓卓 塗人耳目 如錦城 和義等 似此節義之出於宗英 尤豈不奇壯 此兩人外 亦多不下於
死六臣者 今於追配之時 一體施行 實合朝家獎節褒忠之政 令內閣 弘文館 博考公私可考文蹟 指一稟旨 內
閣奏言 (……) 是月庚戌 史臣考實錄還奏 盍得其詳 編成「御定配食錄」至是 敎日 (……) 今於取捨之際 當
以死于節 而其蹟之著在國乘與陵誌者爲歸 如六宗英也 四懿戚也 三相臣也 三重臣也 兩雲劍也 六臣與六臣
父若子中卓爾也."
   육종영六宗英: 안평대군 용瑢, 금성대군 유瑜, 한남군 어, 영풍군 천, 화의군 영, 판중추원사 이양李穰
   사의척四懿戚: 여량부원군礪良府院君 송현수宋玹壽, 예조판서 권자신, 영양위寧陽尉 정종鄭悰, 돈령부
               판관 권완權完
   삼상신三相臣: 의정부영의정 황보인, 의정부좌의정 김종서, 의정부우의정 정분
   삼중신三重臣: 이조판서 민신, 병조판서 조극관, 공조판서 김문기
   양운검兩雲劍: 도총부도총관都摠府都摠官 성승, 증贈병조판서 행行별운검 박쟁
   육신六臣: 증이조판서 행승정원 우승지 성삼문, 증이조판서 행형조참판 박팽년, 증이조판서 행집현전직
           제학 이개, 증이조판서 행예조참판 하위지, 증이조판서 행성균관사예 유성원, 증병조판서 행도
           총부부총관 유응부
   육신六臣의 부父 : 형조판서 박중림朴仲林
   육신六臣의 자子 : 증사헌부지평 하박河珀

## 5

글을 마치며

사육신은 추강 남효온이 『육신전』에서 문신 성삼문과 무신 유응부 등을 사육신으로 등재하고 정조 때의 「어정배식록」으로 국가에서 공인받은 이래 그 누구도 의문을 제기하지 않았다. 그런데 근래 김문기의 후손들과 일부 학자들이 문제를 제기하면서 사육신 묘역이 사칠신 묘역으로 변하고 말았다. 문제의 핵심은 기존의 인식대로 유응부가 사육신인지 아니면 김문기가 사육신인지 하는 점이다.

남효온이 단종을 복위시키려다 사형당한 많은 신하들 중에 유독 '성삼문·박팽년·이개·하위지·유성원·유응부'만을 사육신으로 선정한 데는 분명한 이유가 있었을 것이다. 사육신이라는 특정 명칭이 정해진 기준은 단종 복위거사의 실제 행사行事 측면뿐만 아니라 당시 사회의 지도이념인 절의라는 측면에서도 검토 평가되었을 것이다. 이런 기준으로 볼 때 김문기도 같은 사건으로 사형당한 것은 분

김문기의 위패를 모시고 제향하는 덕양서원. 1991년 경상북도문화재자료 제247호로 지정되었으며, 경상북도 의성에 있다.

명하지만 김문기 일가는 집안의 불미스런 일로 여러 차례 논박당한 적이 있다.[75] 남효온은 『육신전』을 서술하며 절의는 물론 수신·제가 측면에서도 한치의 부끄러움이 없이 타의 모범이 될 인물들을 골라 수록했다. 남효온의 『육신전』을 위시하여 『인종실록』의 기사 등 어느 기록에서도 김문기를 포함해 사육신이라고 지적한 문헌[76]은 보이지 않는다. 또한 김문기의 후손들이 편찬한 『백촌유사白村遺事』에도 김문기를 사육신의 일원으로 생각하지 않았다는 기록이 나온다. 곧 "국문에 임할 때 선생(김문기)이 '나와 육신六臣은 모의 역시 같이 했고 의義 역시 같은데 어찌 다시 묻느냐' 하고는 입을 다물고, 혀를 깨물어 답하지 않았다[臨鞫時 先生對曰 吾與六臣 謀亦同 義亦同 不復何問 因緘口嚼舌]"*라고 전한다. 김문기 스스로가 '육신'이라는 표현을 썼다는 사실은 김문기가 사육신에 포함될 수 없음을 단적으로 증명하는 것이다.

그러므로 여섯 사람의 반역 행동만을 기술한 『세조실록』의 기사에서 나오는 김문기를 육신의 절의까지 포함해 기술한 남효온의 『육신전』의 육신으로 대체해 원原사육신이라는 칭호를 붙일 수는 없다.

"김문기도 육신이 화를 당한 날에 같이 죽었다[忠毅公 金文起 同死於六臣被禍之日]"[77]는 이유로 정조 시대 「어정배식록」을 정할 때 삼중신중 한 사람으로 지정되어 사육신과 함께 배향되었다. 이 「어정배식록」은 정조가 내각과 홍문관에 명하여 국내의 참고할 만한 모든 문서와 사적을 널리 고증하게 하여 신중히 결정한 국가적인 의전儀典이다.

그러므로 사육신은 『육신전』에 나오는 대로 세조에게 "하늘에는 두 해가 없고, 백성에게는 두 임금이 없다[天無二日 民無二王]"라고 항변한 성삼문을 비롯해[78] 박팽년, 하위지, 이개, 유성원, 유응부만이 존재하는데, 이는 정조 때 국가에서 「어정배식록」을 선정할 때 공인한 사실이다.[79] 김문기가 사육신에 포함된 적은 없으며, 그런 인식 또한 없었다. 다만 근래 한 권력자의 의중에 맞추기 위해 일부 어용 사학자들이 문제를 만든 것에 불과하다. 따라서 노량진의 사육신 묘역에는 사육신 이외의 어떤 특정 인물이 추가 봉안될 수 없다. 김문기를 봉안하려면 삼중신 묘역을 따로 조성해야 한다.

---

\* 「백촌유사」 중 "臨鞫時 先生對曰 吾與六臣 謀亦同 義亦同 不復何問 因緘口嚼舌"이라는 기사도 김문기가 사육신이 아님을 명백히 증명하며, 또한 김문기가 국문에 임해 불복한 사실을 변명한 것으로 보인다.

# 6

## 사육신 문제에 대한 보론補論

### 1 사육신 외곡 오판의 경위

이 땅의 역사학이 광복 후 여러 가
지 현실적인 제약을 받으면서도 꾸
준히 진보 향상된 것은 사실이다.
그러나 지난 1970년대 일부 국사학
자 중에는 자기 사명을 망각하고 국
사상의 중대한 사실을 억단 외곡하
여 세인의 이목을 현혹시키고 국민
의 역사의식을 오도하게 한 일이 있
었는데, 그중 대표적인 것이 이른바
사육신 오판 조작 사건이다. 그리고

사육신 묘역의 육각비

이 사건은 아직도 계속되고 있다. 노량진 사육신 묘역에 김문기까지 모셔져 사실상 사칠신 묘역이 되었기 때문이다.

사육신은 주지하다시피 성삼문·박팽년·이개·하위지·유성원·유응부를 말하는데, 추강 남효온이 『육신전』을 기록해 세상에 전한 이후 수백 년 동안 우리 국민들의 상식이 된 보통명사다.

그럼에도 지난 1977년 우리 사회 일부 인사들(구석봉, 김창수, 이현희 등)은 '단종조 사육신 중 한 분인 유응부를 동시 사절한 삼중신 중 한 분인 김문기와 바뀌었다면서 사육신은 유응부가 아닌 김문기여야 한다'는 이론異論을 제기했고, 그 당시 국사편찬위원회(위원장 최영희)에서 이 사건을 구명하기 위한 특별위원회(이선근, 이병도, 최영희 등) 15명을 구성하여 이를 심의한 끝에 이 이론을 그대로 받아들이는 사단史斷을 내리게 되었다. 국사편찬위원회의 이러한 성급한 처사에 대하여 학계 일부(이가원, 김성균, 이재범, 정구복 등)에서는 곧바로 반론을 제기했으며, 필자 또한 국사편찬위원회의 오판 결정을 즉각 시정하도록 촉구하고 뒤이어 논문(『부산대 논문집』 26집)을 발표해 오랜 세월 이 일을 시정하는 데 심혈을 기울여왔다. 이 사태가 불거지게 된 것은 일부 사용 사학자들이 당시 나는 새도 떨어뜨린다는 한 권력자의 사문私門(당시 중앙정보부장이 김재규다)에 영합했기 때문임을 알 만한 사람들은 다 알았다.

그런데 지난 1977년에 김문기를 '세조 때에 가려진 여섯 신하로 판정됨'이라고 판정한 국사편찬위원회는 그 권력자가 사망한 후인 1982년 11월 11일에 다시 국사편찬위원회(위원장 이현종)를 열어 심의한 끝에 '종래의 사육신 구성을 변경한 바 없다'고 확인하여 성삼문, 박팽년, 하위지, 이개, 유성원, 유응부 등으로 사육신을 종전대로 확정했다. 그러나 결론에 김문기도 현창해야 한다고 부기해 과거의 오류도 은폐하려는 모호한 태도를 취했다.

세조 2년 6월 8일 병오조丙午條에 병자정난丙子靖難 관련자를 군기감軍器監 앞길에서 능지처사陵遲處死 및 효수梟首하게 한 사실과 주모 관원의 활동성에 관한 기록을 검토하건대, 그중 특히 성삼문, 박팽년, 하위지, 이개, 유성원, 김문기 순으로 육신六臣만을 들고 있으며, 김문기가 도진무都鎭撫로 박팽년과 모의할 때 군 동원의 책임을 맡은 사실이 기록되어 있으므로 위에 든 육신이 세조 때에 가려진 육신이라고 판정함.
결론 : 충의공忠毅公 김문기金文起를 현창하여야 한다고 사단史斷함.

국사편찬위원회의 이러한 사단은 노량진 사육신 묘역에 김문기를 신사육신新死六臣의 일원으로 추가하여 '사칠신死七臣'으로 만드는 근거가 되었다.

그런데 지난 1982년 11월 국사편찬위원회는 1977년 서울시에서 요청한 사육신에 관한 자문에 대해 다음과 같이 회보했다.

1. 사료에 전거하여 김문기를 현창하여야 한다고 사단함.
2. 사육신 묘역에 김문기의 허장虛葬을 봉안함이 가하다고 사료됨.
3. 유응부의 묘는 현상대로 존치함이 가하다고 사료됨.
4. 단종 복위운동에 가담하여 희생된 인사들은 충신사忠臣祠, 충신단

忠臣壇으로 그 위패를 봉안하는 것이 가하다고 사료됨.

본 위원회는 이상과 같은 회보 내용을 검토한 결과, 그 타당성을 인정하여 이상 조항은 김문기가 현창되어야 한다고 되었으며, 종래의 사육신 구성은 변경한 바 없음을 확인함.

이 결정은 김문기를 그대로 현창한다는 내용으로, 지난 1977년의 김문기는 '세조 때에 가려진 여섯 신하로 판정됨'이라는 조항만 삭제한 셈이다.

필자는 이러한 국사편찬위의 결정을, 전자는 모호 불분명한 소모릉蘇摸稜(어떤 일을 확실히 정하지 못함)식의 결정이고, 후자는 봉안 절차를 혼란시킨 골동반骨董飯(비빔밥)식 결정으로 규정한다. 소모릉식은 처사를 명백히 하지 않고 경우에 따라 언제든지 책임을 회피하려는 처세술을 말하고, 골동반식은 사육신 묘역에 '삼중신'인 김문기를 포함한 다른 충신들도 뒤섞어 봉안해도 좋다는 결정이니, 이것은 우리나라 사당祠堂 봉안의 주향主享, 종향從享 절차도 모르는 상식 부족의 소치다.

국사편찬위원회는 지금에 와서 지난 1977년의 결정이 김문기를 사육신으로 오판한 사실이 없는 것처럼 호도하고 있지만, 지난 1979년 8월에 김문기 후손들(대회장大會長 김모 씨)의 주최로 노량진 사육신 묘역에서 김문기의 사육신 현창 1주년 기념식을 성대히 거행할 때 국사편찬위원회의 최모 씨와 한국정신문화연구원의 이모 씨는 기념사를, 작가 이모 씨와 시인 서모 씨는 축사와 축시를 낭독하기도 했다. 필자는 신문지면(한국일보) 등을 통해 이 사육신 오판 시정을 국사편찬위원회에 여러 번 촉구했다. 그때마다 국사편찬위의 책임자는 일언반구의 해명도 없이 무지막지한 구모 씨와 이모 씨만 내세워 필자의 정론을 공박, 봉쇄하려고 했다. 지금이라도 과거 오판의 잘못을 솔직히 시인하고 그동안의 경위를 국민 앞에 떳떳이 공개 천명闡明하는 것이 국사편찬위원회의 위신을 회복하는 가장 현명한 처사일 것이다. 또 노량진 사육신 묘역에는 사육신 이외의 어떤 인물도 봉안할 수 없으므로, 김문기는 삼중신으로서 다른 곳에 봉안하도록 조처하는 것이 가장 좋은 처사다.

지난 1977년에 국사편찬위원회가 사육신 문제를 심의 결정할 때 이모 씨, 최모 씨 등 15명이 만장일치로 이 오판을 결정했다. 그 당시는 소위 유신정권 말기이므로 혼탁한 정국에서 이 같은 사실 외곡 사건이 발생했지만 역사를 바로잡아야 할 국사편찬위원회에서 이런 일을 함부로 강행할 수 있는가. 이 사육신 외곡 파동은 일단락을 지어 현재 대부분의 '한국사개설'에도 사육신은 유응부로 서술되어 있지만 유독 우리 학계의 두 인사(이병도, 이현희)의 저술에서만 사육신은 유응부가 아니라 김문기로 잘못 기록되어 있다. 특히 국사학계의 원로로 대접받는 이병도 교수는 『한국사대관韓國史大觀』에서 다음과 같이 쓰며 남효온이 김문기를 유응부로 오인했다고 단정지었다.

사육신은 즉 김문기, 성삼문, 박팽년, 하위지, 이개, 유성원이라면서 김문기가 군대 동원의 책임을 진 영도자로 있음을 발견하였다.
남효온의 『육신전』이 세조에 불복한 김문기를, 불복한 기사가 없는 유응부로 착각한 것임을 더욱 알게 되었다.[80]

이현희 씨도 1987년 발간한 『알기 위한 우리 역사』에서 다음과 같이 김문기를 사육신이라고 썼다.

세조의 찬위에 대해 못마땅하게 여긴 신하들은 예전의 집현전 학사들인 성삼문, 박팽년, 이개, 하위지, 유성원, 김문기의 사육신 등과 성삼문의 아버지 성승, 무사 유응부 등이었다.[81]

이현희 씨는 김문기가 '삼중신'이 아니라 '사육신'임을 입증하기 위하여 『정조실록』에 '김문기'가 '삼중신'에 기록된 사실이 없다고 억지 주장을 하고 있다. 이병도 교수는 심지어 1987년 출간한 『한국사韓國史』에서 "남효온의 『육신전』은 세상에 전하지 않는다"[82]라고까지 썼다. 또 『한국유학사략韓國儒學史略』과 『한국유학사韓國儒學史』에서도 김문기를 사육신의 우두머리로 기록하고, "남효온의 저술은 『추강집』 몇 권과 『추강냉화秋江冷話』·『육신전』·『사우명행록師友名行錄』·『귀신설鬼神說』이 있는데, 다만 『육신전』만은 세상에 전하지 않는다"라고 기술했다.[83]

이현희 씨는 김문기가 삼중신이라는 기록이 『정조실록』에 없다고 억지 주장을 하고 있으며, 이병도 교수는 남효온이 찬술한 『육신전』이 『추강집』과 그 외의 각종 기록(『왕조실록』·『장릉지莊陵誌』)에 명백히 기재되어 있는데도 전하지 않는다고 쓰고 있으니 『육신전』이 실제 전하지 않는다고 믿었다면 국사학계의 석학이라는 그의 명성이 얼마나 허명에 지나지 않는지 말해주는 것이며, 일부러 전하지 않는다고 말했다면 자신의 목적을 위해 현전하는 사료까지 부인하는 학자

로서는 할 수 없는 행위를 한 것에 지나지 않으므로 다시 거론할 필
요조차 없다.

## 2 사육신 문제의 재연

이 사육신 오판 문제는 한동안 잠잠하더니 1995년 『백촌 김문기 연
구白村 金文起 研究』라는 책이 발간되면서 다시 시작되었다. 이 책은
이현희, 유영박 두 교수의 주관으로, 백촌 김문기 선생의 후손인 김
진우 씨(헌법재판관)의 화갑기념논총으로 편집했다고 한다. 이 책의
내용을 검토해보니 백촌 김문기를 사육신으로 만드는 작업에 쓰인
논문들을 수록하고 있는데, 『육신전』을 저술한 남효온의 직필을 거

사육신 묘역에 있는 의절사. 사육신을 모신 사당이다.

짓 기록이라 헐뜯고 사육신의 진상을 밝힌 필자의 정론을 공격했다. 이 책의 내용에서 문제가 되는 점을 지적하면 다음과 같다.

1. 사육신 유응부를 김문기로 바꾸기 위해 『육신전』에 유응부로 기록된 '사육신'을 김문기의 사실로 견강부회牽强附會하여 조작하고 있다.

2. 김문기를 사육신으로 조작하는 작업에 민간기록인 남효온의 『육신전』보다 관찬기록인 『왕조실록』을 중시한다고 하면서도 『왕조실록』의 기사일지라도 사육신 조작 작업에 불리한 사료가 나타나면 이를 부인하면서 새로운 자료를 만들어내고 있다.

3. 『정조실록』의 김문기가 삼중신이라는 기록은 김문기를 '사육신'으로 만드는 작업에 방해가 되는 자료이므로, 이 '삼중신'이라는 기록을 전적으로 가리고 매몰시키는 일에 있는 힘을 다 쏟고 있다.

책머리에 국사학계의 원로인 이병도 교수의 논문을 수록함으로써 그의 학문적인 권위를 빙자하여 삼중신인 김문기를 사육신으로 조작한 사실을 정당화하려 했고, 그다음에는 이 사건에 주동적인 구실을 한 이현희 씨의 곡론曲論을 수록했는데, 그 밖에 수록된 논문들은 이씨의 곡론에 동조한 글에 불과하다.

이것을 순서대로 기록하면 다음과 같다.

1. 의금부에서 단종 복위사건에 관련된 피의자들의 국문을 끝마치고 이 사건의 모의자들을 보고하는 계사啓辭에서 사육신 이외의 허

조, 성승, 권자신 등은 이름이 들어 있지만 김문기의 이름이 없는 것은 실록편찬시 또는 사관이 이기移記(옮기어 적음)할 때 누락된 것이라고 주장한다.[84]

2. 남효온이 살던 당시의 정세를 외면하고 남효온의 절의를 의심한다고 논평한다.[85]

3. 정조 15년(1791) 2월에 단종을 위해 충성을 바친 모든 신하들을 단종에게 배향配享하는 「어정배식록」을 편정할 때 정조가 내각內閣(규장각)과 홍문관에 명하여 국내의 공사 문적과 『세조실록』을 두루 상고하여 '삼중신'과 '육신'(사육신) 등을 구분 편정했다는 기사가 『정조실록』에 명백히 있는데도 지금에 와서야 자기들이 처음 『세조실록』을 보고서 김문기가 '사육신'이 된 사실을 알았다고 주장한다.[86]

4. 정조 때 「어정배식록」을 작성할 때 누가 '삼중신'이고 누가 '육신'이라 명기되지 않았다고 주장한다.[87]

5. 무신은 서원에 향사享祀(제사)할 수 없다고 주장[88]하는데, 이 논지도 실록 고증에 소홀한 소치다. 『영조실록』 52년 3월조를 보면, 동래의 선비들이 임진왜란 당시 순절한 문신 송상현과 무장 정발을 같은 사당에 향사할 수가 없으므로 두 곳에 향사하기를 청하니 영조는 "유응부는 무장인데도 육신의 사당에 같이 향사했으니 무장이라고 해서 그 절의를 낮추어볼 수는 없다"고 하면서 선비들의 건의를 물리치고 받아들이지 않은 사실이 있다.

특히 이현희 씨는 필자의 논문을 집중공격했는데, 그 실례를 들면 이씨의 논문 55쪽 각주에 나와 있다.

75) 「정조어정배식록」에도 민신閔伸, 조극관趙克寬, 김문기를 '삼중
신'이라 명기된 바 없고, 또 이들이 동시순절同時殉節하지도 않았다.
그런데도 전 부산대 이 교수는 이들이 동시순절한 삼중신이며 『정조
실록』 15년 2월 병인조에 이들은 삼중신으로 명기하였다고 허위사실
을 유포하였다. (……) 배식록 자체가 『왕조실록』과 『육신전』에 대한
비교 검토 분석을 하지 않고 작성된 것이다.

이것은 필자가 쓴 논문의 뜻도 제대로 이해하지 못했을 뿐만 아니
라, 『왕조실록』도 제대로 보지 못했음을 증명하는 좋은 본보기다.
첫째, 필자의 논문에 동시순절했다는 것은 유응부와 김문기가 단
종 복위사건 때 동시사절同時死節한 것을 말하고, '삼중신'인 민신·
조극관(계유정난 때 사절)과 김문기가 동시사절했다고 말한 것이 아닌
데도, 문장의 상하 문맥도 제대로 파악하지 못하고 있으니 그야말로
어로불변魚魯不辨*의 수준이다.
그리고 '삼중신'이 누구인지는 『정조실록』 15년(1791) 2월 병인조,
'정단배식삼십이인正壇配食三十二人'의 소주小註에 명백히 기재되어
있는데도 도리어 필자가 '허위사실을 유포했'고 무언誣言하고 있
으니 이것은 문자 그대로 '도증주인盜憎主人'**이자 '적반하장賊反荷
杖'에 불과하다.
또 정조대왕은 「정조어정배식록」을 편정할 때 내각과 홍문관에 국

────────

\* '어魚' 자와 '어魯' 자도 구분하지 못함.
\*\* 자기와 반대되는 처지에 있는 사람을 미워함.

내의 공사 문적과 『세조실록』을 두루 상고하여 작성하게 했는데도 이씨는 "동배식록同配食祿 자체가 『왕조실록』과 『육신전』에 대한 비교 검토 분석을 하지 않고 작성한 것이다"라고 주장하고 있으니, 이런 논지는 당시 「어정배식록」 편정에 관계한 내각과 홍문관의 제현諸賢들을 모독하는 언사다. 『왕조실록』의 기사도 자신의 사육신 외곡 작업에 부합하지 않는 사료는 모두 쓸모 없다고 폐기 처분하고 있으니, 이런 사람이 어찌 대학 강단에서 신진 학생들을 올바르게 지도했겠는가.

김문기가 사육신이 될 수 없는 명백한 증거는 위에 거론한 『정조실록』 병인조에 "충의공 김문기도 육신이 피화당한 날에 같이 죽었다[忠毅公金文起 同死於六臣被禍之日]"라는 기사에도 있다. 이런 명백한 기록을 매몰시키고서 어찌 김문기를 사육신으로 조작하는 작업을 함부로 강행할 수 있는가.

이들은 사육신 후신들의 모임인 사육신선양회死六臣宣揚會에서 노량진 사육신 사당에서 거행하는 춘계향사를 관권을 동원해 방해하기도 하고, KBS에서 〈역사추리〉 시간에 사육신 문제를 객관적인 시각으로 방송하자 김문기의 후손들이 서울지방법원 남부지청에 소송을 제기하기까지 했다. 그러나 이미 설명했듯이 김문기는 '사육신'이 아니라 '삼중신'이라는 사실이 확실히 알려졌으니 김문기는 삼중신으로서 사육신 묘역이 아닌 다른 곳에 봉안하도록 조처해야 한다.

『논어』에 제자 중유仲由가 정치에서 먼저 해야 할 일을 묻는 말에 공자는 반드시 명분을 바로 세워야 한다고 지시하면서 "명분이 바로 서지 못하면(명분이 실상에 맞지 않으면) 언론言論이 순리順理하지 못하고, 언론이 순리하지 못하면 사업이 성취되지 못하고, 사업이 성취되지 못하면 문화가 향상되지 못하고, 문화가 향상되지 못하면 형벌이 적중適中(법대로 시행함)하지 못하고, 형벌이 적중하지 못하면 국민이 손·발을 제대로 쓸 수 없는 무질서 상태에 이르게 된다"고 강조했다. 그런 이유로 이 '사육신 오판'을 바로잡는 일은 명분을 바로 세우고 역사를 바로 세우는 중대한 과제다.

　이 사육신 오판 작업에 관계한 사람들은 권력을 빙자해 역사를 외곡 조작했는데, 이에 대해서는 당나라 시인 이업李鄴의 「독이사전讀李斯傳」을 인용하는 것으로 경고한다.

　　남이 모르는 것을 속이려 해도 옳지 못한 법인데
　　남이 다 아는 일을 속이는 것은
　　당연히 죽이는 형벌을 당하고 말 것이다
　　집권한 너 한 사람의 손으로
　　온 세상 사람들의 눈을 가리기는 어려울 것이다
　　欺暗尙不然 欺明當自戮 難將一人手 掩得天下目

# 2부

## 율곡 이이는 실제로 십만양병설을 주장했나

조선의 정국은 선조 8년에 동서가 분당된 후 서인들이 동인인 유성룡의 위공을 시기하던 분위기에서 이이의 이론바 십만양병설을 유성룡이 반대했기 때문에 임진왜란을 초래하여 국사가 낭패狼狽되었었다는, 부회적인 기사로 유성룡의 정치역량을 폄하했다. 그러데 지금까지도 군사학계의 일부 인사들은 이런 내용을 엄밀한 사료검증 없이 사실로 받아들이고 이를 과장 부회하여 일반 국민들의 역사 인식을 오도하고 있다. 이런 작폐는 우리 학계에서 엄중히 경계하고 단호히 배제되어야 한다.

글을시작하며

근세 중국의 계몽사학자 양계초梁啓超는 명저名著『중국역사연구법中
國歷史硏究法』의「보편補編」에서 역사가의 구비요건을 사덕史德·사학
史學·사식史識·사재史才의 '사장四長(네 장점)'으로 설명했다. 양계초
는 당나라 때의 유지기劉知幾는 재才(사재)·학學(사학)·식識(사식)의
'삼장三長'만 말했지만 청나라의 장학성章學誠이 삼장에 사덕史德을
첨가했다고 설명하면서 양계초 자신도 장학성의 '사장' 학설을 긍정
적으로 받아들였다. 그는 다만 장학성이 사재·사학·사식·사덕 순
으로 배정한 것을 사덕·사학·사식·사재로 고쳐 사덕을 첫머리에
배정했다. 유지기는 재·학·식의 삼장이 역사가의 구비조건이라고
제창했지만 그것에 대해 구체적으로 설명하지는 않았는데, 양계초
는 '재'는 역사를 저작하는 문장력을, '학'은 역사를 연구하는 방법
론을, '식'은 역사를 통찰하는 관찰력인 '사관史觀'을 말한다고 설명

했다. 장학성은 '사덕'에서 '덕'은 저작자의 심술心術을 일컬은 것이라며, 역사가는 먼저 심술이 공정해야만 권세에 아첨하여 사실을 외곡한 더러운 역사인 '예사穢史'나 남을 비방할 목적으로 쓰는 '방서謗書'라는 비평을 면할 수 있다고 강조했다. 양계초는 장학성의 '사덕'은 과거의 사실을 기술할 때 편사偏私(불공정)해서는 안 되고, 선악의 포폄褒貶에 공정해야 한다는 뜻이라고 말한 것이다. 양계초가 '사덕'을 '사장'의 맨 첫머리에 배정한 것은 역사가가 가장 먼저 가져야 할 자세가 바로 이것이라고 생각했기 때문이다. 그는 '사덕'에 대해 역사가는 무엇보다도 사실에 성실해야 하는데, 과대誇大(과장)·부회傅會(견강부회)·무단武斷(주관·억단)이라는 세 가지 병폐를 제거해야 사실에 성실할 수 있고, 역사가의 사명도 완수할 수 있다고 강조했다.

이런 역사가의 논법을 적용하면 역사가가 가장 경계할 점은 사실에 불성실한 과장·부회·억측의 세 가지 병폐인데, 우리 국사학계의 일부 인사들은 이러한 병폐를 범하고 있는 것이 현실이다.

지난 1970년대 일부 국사학자들이 사육신에 대한 잘못된 주장을 내세워 역사의 진실을 매몰埋沒시키고 국민의 역사인식을 오도시킨 사건이 그렇고, 을지문덕을 중국인이라고 주장하거나 정몽주를 역적이라고 주장한 일*이 그렇다. 필자는 이런 사건들뿐만 아니라 지

---

* 지난 1977년 국사편찬위원회(위원장 최영희)에서 이선근 등 15명의 위원이 '조선 초기 단종조 사육신'의 한 분인 유응부는 동시 사절한 '삼중신三重臣' 중 한 분인 김문기金文起와 바뀌었으므로 '사육신'은 유응부 대신 김문기로 해야 한다는 몇몇 이론자異論者의 주장에 따라 사육신을 오판 결정한 사건이 있었다.
김원룡金元龍은 『전해종박사 화갑기념 사학논총』(1979) 중 「을지문덕의 출자出自에 대한 의론疑論」에서 "고구려의 대신 을지문덕이 중국계 귀화인일 것"이라고 발표했다.
문경현文暻鉉은 『대구사학』 15, 16 합집合輯 중 「정몽주 순절처의 신고증」에서 "정몽주는 고려의 충신이 아니고 역적"이라고 발표했다.

금도 국민들의 역사상식으로 자리 잡고 있는 율곡 이이의 십만양병설이 과연 사실인지, 사실이 아니라면 어떠한 과정을 거쳐 일반 국민들의 상식으로 자리 잡게 되었는지 과거 사료의 의문점을 세밀히 분석 구명해보았다.

율곡 이이의 초상화

율곡 이이가 십만양병설을 주장했으나 서애 유성룡이 반대해서 무산되었다는 내용이 국민적 상식이 된 데는 국사학계의 석학이라는 이병도李丙燾 교수의 『한국사대관韓國史大觀』과 진단학회에서 편찬한 『한국사』「근세전기편」이 자리 잡고 있다. 이 두 저작물에 나타난 이이의 '십만양병설' 관련 기사는 대개 다음과 같다.

첫째, 『한국사대관』 제5장 '왜인의 행태와 임진·정유의 왜란'에 다음과 같이 기술했다.

특히 이이는 선조에게 군사 10만을 양성하여 완급緩急(일의 급함과 급하지 않음)에 대비하자는 것을 건의하여 만일 그렇게 하지 않으면 10년을 넘지 못하여 토붕土崩*의 화를 당하리라 하였다. 이때는 임진왜란이 일어나기 10여 년 전의 일이니, 장래를 투시透視하는 그의 선견의 밝음[明]이 어떠하였던가를 알 수 있다. 그러나 이에 대하여 당시의 국왕 선조는 아무런 반응이 없었고 조신들 중에도 찬동 지지하는 사람이 별로 없었다. 동료 중에 식견이 높은 유성룡까지도 무사한 때에 양병養兵(군사를 기름)은 도리어 화를 기를 뿐이라고 하여 반대하였다. 당시 조신들이 얼마나 타성惰性과 고식姑息**에 기울어졌는지 추측할 수 있다.

또 그 아래 「이이의 구폐책救弊策(폐단을 구하는 대책)」에서는 이렇게 기술했다.

본문에 말한 그의 양병십만론의 연월은 미상未詳하나 그의 문인 김장생이 편찬한 「율곡행장栗谷行狀」에 적혀 있으니, 이것이 설령 그의 만년지사晩年之事라 할지라도 임란 전 10년에 해당한다. 이 건의에 반대하던 한 사람인 유성룡이 후일에 그의 선견의 명을 추억하면서 "(이)이는 진성인眞聖人이다"라고까지 하였다 함은 역시 위의 행장에도 실려 있지만 유명한 이야기다. 임란 중에 무인으로 적성赤誠(참된 정성)과 신책神策을 가지고 눈부신 활약을 하여 적의 혼담魂膽을 꺾는 동시

---

* 사물이 점차 잘못되어 손을 댈 여지가 없게 됨을 이르는 말.
** 당장에는 탈이 없고 편안함을 비유적으로 이르는 말.

에 국난을 타개하여 민족을 패멸敗滅에서 구출한 은인이 이순신이라면, 임란 이전 시비총중是非叢中에 있어 국사의 잘못됨[非]을 개탄慨歎하고 죽을 때까지 민족을 도탄塗炭에서 구제하려 하는 위인이 이이李珥라 하겠다. 요컨대 양인은 조선이 낳은 가장 위대한 천재로, 하나는 폭풍이 닥치기 전에 선견의 밝음[明]을 가지고 민족을 구출하려고 애를 쓴 유일한 존재였고 하나는 폭풍이 닥치어 전국이 토붕와해 중에 있는 것을 거의 독력獨力으로 구출하다시피 한 오직 한 사람이었다.[1]

곧 『한국사대관』은 「율곡행장」에 나타난 기사를 엄밀한 사료 비판 없이 그대로 인용하여, 율곡 이이가 임란 전 양병을 주장하는 선견의 명지明智가 있었다고 극구 칭찬한 반면 서애 유성룡은 이를 반대했다고 폄하하는 것이다. 또 임진왜란을 처리한 그 당시의 주도적

자운서원. 광해군 7년(1615) 지방 유림의 공의로 율곡 이이의 학문과 덕행을 기리기 위하여 창건되어 효종 원년(1650) 자운紫雲이라는 사액賜額을 받았다. 경기도 파주에 있다.

인물을 설명하면서, 무관의 주도적 인물로는 실제 전장에서 왜적을 격멸한 충무공 이순신의 공적만 거론 칭양하고, 문관의 주도적 인물로 충무공을 등용해 전쟁에 대비시키고 영의정 겸 도체찰사로서 전시 정국을 총괄한 유성룡의 공적은 은폐 매몰하고 전전戰前에 이미 사망한 이이의 공적만 부각해 이이와 이순신 두 사람만을 임진란을 전후한 시기의 문·무의 주도적 인물로 지칭했다. 이런 치우친 기사를 개인의 전기물도 아닌 국사개설서에 서술한 것은 일반 독자들에게 역사인식을 오도시킬 염려가 크며 사실상 그렇게 전개되었다.

　다음 이상백李相佰 박사가 집필한 진단학회 편『한국사』「근세전기편」의 제6장 '임란과 대외관계'에서는 다음과 같이 기술했다.


　이와 같이 대소의 왜구에 시달림을 받으면서도, 국내는 상하가 모두 해이解弛하고 문약文弱에 흘러 있던 때이라 근본적인 국방의 확립이 있을 수는 없었고 이이와 같은 선견지명이 있는 인사들이 국방의 강화를 주장하였으나 도리어 위험시되는 실정으로(주 2) 거의 무방비나 다름없는 상태에 임진왜란의 대전쟁이 가까워오고 있었던 것이다.


여기서 주 2)란 다음의 내용이다.


주 2) 임란 약 10년 전인 선조 16년(계미癸未, 1583) 5월 병조판서 이이李珥는 경연에서 10만 양병을 주장하여 "10년이 지나지 않아서 마땅히 토붕와해의 화가 있을 것입니다. 원컨대 10만의 군병을 미리 길러 도성에 2만 명을, 각 도에 1만 명씩을 비치하고는[不出十年 當有土崩之

禍 願預養十萬兵 都城二萬各道一萬](번역-필자) (……) 사변이 있으면 10만 명을 합하여 도성을 파수把守하도록 하여 위급한 사태에 대비하게 하소서. 그렇지 않으면 하루아침에 사변이 일어날 때 시정市井의 백성을 몰아내어 싸우게 함을 면치 못할 것이니 큰일이 실패될 것입니다[聞變則十萬把守 以爲緩急之備 否則一朝變起 不免驅市民而戰 大事去矣]'라 하였으나 조신은 모두 이를 반대하였고 동료 가운데 식견이 높은 유성룡까지도 "무사한 때에 양병함은 화를 기르는 것이다[無事而養兵 是養禍也]"라고 반대하여 좌절되었다. 뒤에 임란이 일어나자 유성룡이 "이문성李文成(이이) 공公은 진실로 성인이다[眞聖人也]"라고 탄식하였다 한다.[2]

문제는 이 기사가 「율곡연보」를 그대로 인용 기술한 것에 불과하다는 점이다. 『한국사대관』의 기사는 김장생(1548~1631년)이 찬술한 「율곡행장」의 기록을 그대로 인용하여 옮겨 적은 것이고, 『한국사』 「근세전기편」의 기사는 『율곡전서栗谷全書』에 수록된 「율곡연보」의 기록을 그대로 옮겨 적은 것이다. 이 두 저작물의 기사가 모두 이이의 '십만양병설'을 유성룡이 반대하여 그 계획이 좌절되었기 때문에, 당시 조선이 임진왜란의 전화를 입게 되었다는 내용이다.

지인이나 제자가 쓰기 마련인 행장이나 연보는 주인공의 사적을 미화하는 경향이 있기 때문에 철저한 사료 검증 후 인용하는 것이 기본 원칙인데, 개인의 행장과 연보를 그대로 인용하여 국사개설서에 기재하고 아무런 비판 없이 그 제자들에 의해 그대로 다른 저작물에 옮겨져 현재 통설이 된 실정이다. 이것이 이른바 '광복 후 국사학계의 불건전한 학문 풍토'다.

# 3
## 이이의 십만양병설의 발단

## 1 십만양병설의 출전

율곡 이이가 주장했다는 '십만양병설'을 서애 유성룡이 반대했다는 기사는 『율곡전서』 중의 허다한 상소上疏와 시폐時弊(시대의 잘못된 폐단)를 진술한 차자箚子는 물론 『서애집西厓集』 중의 시폐를 진술한 상소와 차자에서는 전혀 나타나지 않는다. 다만 이 기사는 「율곡행장」과 월사月沙 이정귀李廷龜(1564~1635년)가 찬술한 「율곡시장栗谷諡狀」과 백사白沙 이항복李恒福(1556~1618년)이 찬술한 「율곡신도비명栗谷神道碑銘」과 우암尤庵 송시열宋時烈(1607~1689년)이 편찬한 「율곡연보」에 나타날 뿐이다.

이상의 네 가지 자료를 현재 국내에 간포刊布되어 있는 순조 14년(1814)에 간행된 『율곡전서』에 의거해 살펴보면 다음과 같다.

## 1. 김장생이 찬술한「율곡행장」

일찍이 경연에서 청하기를 "10만의 군병을 미리 길러 완급에 대비해야 할 것입니다. 그렇지 않으면 10년이 지나지 않아서 장차 토붕와해土崩瓦解의 화禍가 있을 것입니다" 하니 유柳정승 성룡이 말하기를 "사변事變이 없는데도 군병을 기르는 것은 화근을 기르는 것입니다"라고 하였다. 그때 오랫동안 태평이 계속되어 모두가 편안에 젖어 있었으므로, 경연에서 주대奏對하는 신하들이 모두 선생(이이)의 말을 지나친 염려라고 여겼다. 선생이 밖에 나와서 성룡에게 이르기를 "나라의 형세가 몹시 위태한데도 속유俗儒들은 시무에 통달하지 못하니 다른 사람은 진실로 기대할 수가 없지만 그대 또한 이런 말을 하는가" 하였다. 임진왜란이 닥쳐온 후에 유정승이 조정에서 일찍이 다른 사람에게 말하기를 "지금 와서 보니 이문성(문성文成은 이이의 시호)은 참으로 성인이다.[柳相於朝 嘗語人曰 至今見之 李文成眞聖人也] 만약 그의 말을 채용했더라면 국사가 어찌 이 지경에 이르렀겠는가. 또 그가 전후에 건의한 계책을 사람들이 간혹 헐뜯고 비난했지만 지금은 모두 확실하여 요점에 맞았으니 참으로 따라갈 수 없다. 율곡이 생존했더라면 반드시 오늘날에 쓸모가 있었을 것이다"라고 했으니, 진실로 백년을 기다리지 않고도 알 수가 있다고 하겠다.

## 2. 이정귀가 찬술한「율곡시장」

일찍이 경연 중에 "미리 10만 군병을 기르도록 청하여 완급에 대비해야 할 것입니다[嘗於 筵中 請預養十萬兵 以備緩急](이하는 「율곡행장」과 같음)" 하였다. 임진란이 닥쳐온 후 서애가 조당에서 여러 재상들에게 말하기를 "그 당시에 내가 또한 소동騷動이 일어날 것을 염려하여 이를 불가하다고 했는데, 지금 와서 보니 이문성은 참으로 성인이다"[逮壬辰之後 西厓於朝堂 語諸宰曰 當時吾亦慮其騷擾 而非之 到今見之 李文成 眞聖人也](이하는 「율곡행장」과 같음) 하였다.

이정귀가 찬술한 「율곡시장」도 그 기사는 김장생이 찬술한 「율곡행장」의 기사와 거의 같다. 다만 중간의 임진왜란이 닥쳐온 후의 기사에서 「율곡행장」에서는 "유정승이 조정에서 일찍이 다른 사람에게 말하기를 '지금 와서 보니 이문성은 참으로 성인이다'라고 했는데, 「율곡시장」에서는 "서애가 조당에서 여러 재상들에게 말하기를 "그 당시에 내가 또한 소동騷動이 일어날 것을 염려하여 이를 불가하다고 했는데, 지금 와서 보니 이문성은 참으로 성인이다"라고 썼다. 「율곡행장」의 '다른 사람'이 「율곡시장」에서는 '여러 재상들'로 바뀌고, '그 당시에 내가 또한 소동이 일어날 것을 염려하여 이를 불가하다고 했는데'라는 말이 추가된 것이 차이다. 그 내용이 점점 풍부해지는 셈이다.

이이 신도비. 조선 중기 대학자인 율곡 이이의 일대기를 기록했다. 경기도 파주의 자운서원 경내 왼쪽 산기슭에 있다.

## 3. 이항복이 찬술한 「율곡신도비명」

공이 일찍이 건의하여 10만 군병을 길러 완급에 대비하고자 했는데 유서애 성룡이 불가하게 여겼다. 공이 조정에서 나와 이르기를 "국세가 떨치지 못한 지 오래되었소. 속유는 시의에 통달하지 못하지만 공 또한 이런 말을 하는가"라고 하였다. 임진란 이후에 유서애가 조당에서 여러 재상들에게 "그 당시에 내가 또한 소동이 일어날 것을 염려하여 이를 불가하다고 했는데, 지금 와서 보니 이문정은 참으로 성인이다"라고 하였다.[公嘗建議 欲養兵十萬 以備緩急 柳西厓成龍 以爲不可 公退朝 謂之曰 國勢不振久矣 俗儒不達時宜 公亦有此言耶 壬辰之亂 西厓於朝堂 語諸宰曰 當時吾亦慮其騷擾 而非之 到今見之 李文靖眞聖人也]

이항복의 「율곡신도비명」은 김장생이 찬술한 「율곡행장」의 기사를 줄여서 쓴 것인데, 그 전체적인 내용이 「율곡행장」과 같다. 다만 「율곡행장」과 「율곡시장」에서는 모두 "이문성李文成은 진짜 성인이다[李文成 眞聖人也]"라고 기록했으나 여기서는 "이문정李文靖은 진짜 성인이다[李文靖眞聖人也]"라고 기록한 것이 약간 다른 점이다.

## 4. 송시열이 편찬한 「율곡연보」

계미년癸未年(1583) 4월조
입대入對하여 10만 군병을 미리 길러 불우의 변에 대비하도록 청했다.
선생(이이)이 경연에서 계청하기를[入對 請預養十萬兵 以備不虞 先生於 經

筵 啓曰] "국세가 부진한 것이 극도에 달했으니 10년이 지나지 않아서 마땅히 토붕와해의 화가 있을 것입니다. 원컨대 10만의 군병을 미리 길러 도성에 2만 명을, 각 도에 1만 명씩을 비치하고는 호역戶役을 면제하고 재간자才幹者를 교련한 후, 그들에게 6개월씩 교대로 도성을 수비하게 하고, 사변이 있으면 10만 명을 합하여 도성을 파수把守하도록 하여 위급한 사태에 대비하게 하소서. 그렇지 않으면 하루아침에 사변이 일어날 때 시정市井의 백성을 몰아내어 싸우게 함을 면치 못할 것이니 큰일이 실패될 것입니다" 하니 유성룡 공公이 불가하다고 하면서 "사변이 없는데도 군병을 기르는 것은 화근을 기르는 것입니다" 하므로, 경연의 신하들이 모두 선생의 말을 지나친 염려라고 여겨 마침내 그 주장이 시행되지 못하였다. 선생이 물러나와서 유공에게 이르기를 "속유는 진실로 시의時宜에 통달하지 못하지만 공 또한 이런 말을 할 수 있는가" 하고는, 이내 한참 동안 수심愁心에 잠겨 있었다. 임진년에 왜란이 일어나니 유공이 조당에서 감탄하기를 "이문성은 참으로 성인이다"라고 하였다.

여기서 특히 주목할 점은 「율곡행장」, 「율곡시장」, 「율곡신도비명」 등에는 율곡이 '십만양병설'을 건의했다는 시기에 대해 다만 일찍이 경연에서[嘗於經筵]라고 애매하게 기록했는데, 「율곡연보」에서는 계미년(선조 16년, 1583) 4월조라고 명기한 것이다. 또 이 기사에서는 '10만 양병'에 대해서 군병의 배치와 교련방법까지 설명하여 더욱 구체화했다. 이 기사는 이이와 절친한 우계 성혼成渾의 문인으로서 서인이었던 우산牛山 안방준安邦俊(1573~1654년)의 『우산집牛山集』

「임진기사壬辰記事」에서 인용한 것으로 보인다.

임진년 4월 일본 적賊이 대거 입구했다. 이보다 10년 전에 율곡 이이 선생이 아계 이산해, 동강 김우옹, 서애 유성룡 등 여러 공公들과 경연에 함께 들어갔다. 율곡이 계청하기를 "국세가 부진한 지 오래되어 화가 머리 앞에 다가왔으니 우려하지 않을 수 없습니다. 청컨대 10만 군병을 양성해 도성에 2만, 각 도에 1만씩을 두어 위급한 사태에 대비하게 하소서.[請養兵十萬 都城二萬 諸道各一萬 以備緩急] 그렇지 않고 직무를 게을리 하며[恬嬉] 세월만 보내다가 놀고 쉬는 것이 습성이 된다면 하루아침에 사변이 일어날 때 시정의 백성을 몰아내어 싸우게 함을 면치 못할 것이니 큰일이 실패될 것입니다" 하였다. 좌우에 한 사람도 찬성하지 않았고, 서애가 일에 임해 책모를 꾸미기를 좋아해서 저지하였다.[3]

안방준은 '이보다 10년 전에[先是十年前]'라고 이이의 십만양병설이 정확히 임란 10년 전에 나왔다고 주장했는데, 그 역시 아무런 근거를 대지는 못했다. 이런 중요한 주장을 펼칠 때는 어느 문헌에서 봤는지 그 출처를 정확하게 밝히는 것이 조선 사대부들의 일반적인 기록 방식인데, 이 글에서는 아무런 근거도 제시하지 않고 '이보다 10년 전에'라고 막연하게 썼고, 이를 송시열이 그대로 가져다 쓴 것이다.

지금까지 열거한 자료가 이이는 이른바 '십만양병설'을 주장했으나 유성룡이 '양성불가론'으로 반대했다는 기사의 전부다. 이 자료를 세밀히 검토해보면 김장생이 「율곡행장」에서 이이가 '십만양병설'을 주장했다고 기록했고, 이항복의 「율곡신도비명」과 이정귀의 「율곡시장」이 이를 조금씩 윤색했음을 알 수 있다. 송시열의 「율곡연보」에서는 「율곡행장」·「율곡신도비명」·「율곡시장」이외에 안방준이 찬술한 「임진기사」까지 참고 인용하여 이이의 '십만양병설'의 시기까지 임란 10년 전으로 적었음을 알 수 있다. 그런데 「율곡행장」·「율곡시장」·「율곡연보」 등 세 기사 중에서 특히 세인의 의혹을 야기시키는 문구는 임진왜란이 일어난 후에 유성룡이 율곡의 '선견지명'을 감탄하면서 다음과 같이 말한 구절이다.

이문성은 진정 성인이다.[李文成眞聖人也]

혼히 선견지명을 감탄하는 문구에 송나라의 유명한 재상인 이항李沆의 고사를 인용해 "이문정은 진실로 성인이다[李文靖 眞聖人也]"라고 표현한다.[4] 이문정은 중국 송나라 재상 이항의 시호인데, 그는 진종眞宗이 장차 토목공사를 일으킬 것이라고 경계하면서 후배인 왕단王旦에게 "나는 미처 볼 수가 없지만, 나의 젊은 참정參政(왕단)은 후일에 이 일을 근심할 것이오"라고 말했다. 후일 진종이 과연 토목공사를 크게 일으키자 왕단은 이항의 선견지명을 감탄하면서 "이문정은 참으로 성인이다"라고 말한 고사가 있는데, 이를 이이에게 적용한 것이다.

「율곡행장」·「율곡시장」·「율곡연보」에서는 유성룡이 이이를 '이문성李文成'이라고 칭했다고 전하는데, 이 기록 자체가 세인의 의혹을 야기시킨 첫번째 사실이다. 나라에서 이이에게 '문성'이라는 시호를 내린 시기는 인조 2년(1624)[5]이고, 유성룡이 별세한 시기는 선조 40년(1607)[6]이다. 따라서 유성룡이 어떻게 생전에 이이를 지칭하면서 그의 자字인 '숙헌叔獻'이나 그의 호號인 '율곡栗谷'이라고 일컫지 않고, 죽은 지 17년 지난 후에 내린 이이의 시호 '문성文成'을 미리 알고서 '이문성李文成'이라고 지칭할 수 있겠는가. 이것은 삼척동자라도 그 허구성을 즉시 판별할 수 있는 문제다.

'이문정'이 아니라 '이문성'이라는 기사에 대해서는 집필자의 '오기'일 것이라는 논평[7]도 있고, 이 기사의 오류를 지적하며 십만양병설 자체를 완전한 허구로 보는 논조*도 있다.

그런데 필자의 최근 고증에 의하면, 김장생의 문집인『사계집沙溪集』의「율곡행장」과 이정귀의 문집인『월사집月沙集』의「율곡시장」에는 모두 '이문성'이 아니라 '이문정'으로 올바르게 기재되어 있다. 더구나 영조 25년(1749)에 간행된『율곡전서』에도 모두 '이문성'이 아니라 '이문정'으로 맞게 기재되어 있지만 지금 국내에 분포되어 있는 순조 14년(1814)에 간행된『율곡전서』는 모두 '이문정'이 아니라 '이문성'으로 기재되어 있다. 이는 틀림없이 순조 14년에『율곡전

---

* 율곡 이이의 십만양병설을 서애 유성룡이 반대했다는 설은 어떤 사적에도 나타나지 않는 일이요, 다만 김장생이 지은「율곡행장」중에 율곡이 일찍이 경연 중에 십만양병설을 제창했으나 서애의 반대로 중지되었으니 임란을 겪은 뒤에 서애는 '이제 이르러 보니 이문성은 참 성인이야' 하고 후회했다는 말이 삽입되어 있을 뿐이다. 이에 따라「율곡연보」계미조癸未條에서도 이와 같은 기록이 있게 되었다. 그러나 계미는 곧 선조 16년이다. 서애의 나이 42세로 그해 4월 이전에 벼슬이 홍문관 부제학(정3품)에 지나지 않는 한편, 율곡의 나이는 48세로 이미 의정부 우찬성(종1품)을 거쳐 시임時任 병조판서(정2품)인 바 어찌 서애의 반대로 10만 양병의 대계가 좌절되고 말았겠는가. 또 율곡의 시諡 문성은 인조 2년 갑자 8월인 바 서애가 졸후한 지 17년 뒤가 된다. 어찌 이문성이라 운위云謂(일컬어 말함)할 수 있겠는가. 여기에서「율곡행장」이나「율곡연보」는 모두 자가自家 모순성을 저절로 드러낸 것이다.(이가원, '서애 유성룡 편',「퇴도제자열전退陶弟子列傳」,『퇴계학보』, 1975, 제5, 6집)

서』를 개간할 당시 개간을 주간한 사람들이 이이 숭배의 과열에서 '기록 변조'라는 있을 수 없는 죄과를 범했음이 세상에 명백히 드러난 것이다.

이런 연유로 변조된 이 자료는 그 잘못이 고쳐지지 않고 그대로 후세에 전승되어 대부분의 기사에 '이문성'으로 이록移錄되었으며,[8]

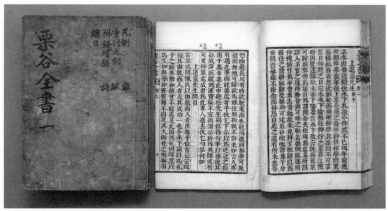

율곡 이이의 전집인 『율곡전서』. 이이의 시집·문집·속집·외집·별집·『성학집요聖學輯要』·『격몽요결擊蒙要訣』 등 모두 44권 38책으로 구성된 목판본이다. (국립중앙도서관 소장)

현재 국내의 국사 편술자에게는 이 문구가 마치 유성룡이 이이를 '성인'으로 지칭한 것처럼 인식되어* 이이를 숭배하는 일부 인사들에게 과장된 용어로 사용되고 있는 실정이다.

관계 기록의 작성연대

『율곡전서』의 편성연대를 살펴보자. 이이가 선조 17년(1584)에 별세한 지 27년 후인 광해군 3년(1611)에 문인 박여룡朴汝龍(1541~1689년) 등에 의하여 문집이 해주에서 간행되었는데, 그의 「연보」는 송시열이 편찬했다. 이이의 시문 「원집原集」과 「속집續集」, 「외집外集」, 「별집別集」 등을 합찬한 『율곡전서』는 도암陶庵 이재李縡(1680~1746년)가 편정編定하여 영조 25년(1749)에 간행되었으며, 그 후 순조 14년(1814)에 개간改刊되었다.

한편 이이의 문인인 김장생은 이이가 별세한 지 13년 만인 선조 30년(1597)에 「율곡행장」을 찬술했으며, 이정귀는 광해군 4년(1612)에 「율곡시장」을 찬술했다. 다만 이항복이 「율곡신도비명」을 찬술한 시기는 기록이 없어 자세히 알 수 없지만, 이이 신도비문 중 "나의 친구 사계 김장생이 스승의 법도를 고치지 않고 능히 그 학설을 지

---

키고 있는데[吾友金沙溪長生 不改師法 能持其說 撰公世系言行 及官歷始終 請銘以詔後]'라는 일절이 기재된 것으로 미루어 김장생이 찬술한 「율곡행장」을 참고하여 「율곡신도비명」을 찬술했음을 알 수 있다. 따라서 그 시기는 「율곡행장」이 찬술된 후이고, 「율곡시장」이 찬술되기 전일 것이다. 여기에 비해서 송시열이 편찬한 「율곡연보」는 그 시기가 대개 60~70년 후에 해당한다. 따라서 시대의 추이에 따라 기록 자체가 다분히 윤색되었음을 능히 추지推知(미루어 생각하여 앎)할 수 있다.

## 1. 건의 시기와 장소

이른바 십만양병설의 건의 시기에 대해 「율곡행장」·「율곡시장」·「율곡신도비명」에서는 다만 일찍이 경연에서[曹於筵中]라고만 표현했을 뿐이니 그 시기는 정확히 알 수 없다. 다만 송시열이 편찬한 「율곡연보」에는 다음과 같이 계미년癸未年(선조 16년, 1583) 4월조에 주청奏請 시기를 밝혔다.

입대하여 10만 군병을 미리 길러 불우의 변에 대비하도록 청했다. 선생이 경연에서 계청하기를…….

장소에 대해서는 「율곡행장」·「율곡시장」·「율곡연보」 모두 '연중筵中' 곧 경연임을 밝혔으나, 다만 「율곡신도비명」에서는 '공상건의公嘗建議' 곧 공公(이이)이 일찍이 건의했다고 말했을 뿐 그 장소는 밝히지 않았다.

## 2. 양병의 방법

「율곡행장」·「율곡시장」·「율곡신도비명」에서는 모두 "미리 10만 군병을 길러 위급한 사태에 대비해야 한다[預養十萬兵 以備緩急]"라는 사실만 건의했을 뿐, 군병을 기르는 방법에 대해서는 일절 언급이 없었다. 그러나 송시열이 편찬한 「율곡연보」에서는 "도성에 2만 명을, 각 도에 1만 명씩을 비치하고는 호역戶役을 면제하고 재간자材幹者를 교련한 후, 그들에게 6개월씩 교대로 도성을 수비하게 하고, 사변이 있으면 10만 명을 합하여 도성을 파수하도록 하여 위급한 사태에 대비하게 하소서"라고 구체적으로 기술했다.

이 기사는 안방준의 「임진기사」 중 "청컨대 10만 군병을 양성해 도성에 2만, 각 도에 1만씩을 두어 위급한 사태에 대비하게 하소서"라는 일절을 인용하여 군병을 기르는 방법을 설명한 것에 불과하다.

## 3 십만양병설이 만들어지는 과정

지금까지 열거한 율곡 이이의 '십만양병설' 관련 기록 중 제일 먼저 작성된 것은 김장생이 찬술한 「율곡행장」이고, 최후에 작성된 것은 송시열이 편찬한 「율곡연보」다. 같은 성격의 글이지만 「율곡행장」과 「율곡연보」의 기사가 다르다. 김장생이 찬술한 「율곡행장」에는 이이가 경연에서 10만 양병을 주장했다는 사실만 기록했으나 김장생의 제자 송시열이 후대에 작성한 「율곡연보」에서는 그 달까지 정확히 기록했다. 후대에 작성된 기록이 더 정확한 날짜를 기록하는 흔치 않은 예다.

김장생이 찬술한 「율곡행장」은 임진왜란이 일어날 것을 예견했다는 사실을 강조하기 위해 "10년이 지나지 않아서 마땅히 토붕와해의 화란禍亂이 있을 것[不出十年 當有土崩之禍]"이라고 했는데, 이후에 찬술된 이정귀의 「율곡시장」도 이 기사를 그대로 옮겨 적었을 뿐이다. 그러나 송시열이 편찬한 「율곡연보」에서는 그 건의 시기를 임진란 발발 10년 전인 계미년癸未年(1583)이라고 적었고, 한걸음 더 나아가 양병의 방법까지 첨가하여 이 사실을 부회附會 윤색潤色했다. 송시열의 「율곡연보」 기사는 안방준의 「임진기사」를 참고하여 인용한 것인데, 이 「임진기사」 자체가 신뢰할 수 없는 기록이다. 김장생이 찬술한 「율곡행장」, 이정귀가 찬술한 「율곡시장」, 이항복이 찬술한 「율곡신도비명」에서는 모두 이이가 자신의 '십만양병설'에 유성룡이 '불가不可'를 말하니 이이가 유성룡에게 다음과 같이 말했다고 기록했다.

시무에 통달하지 못한 속유에게는 기대할 수가 없지만, 그대 또한 이런 말을 하는가.[俗儒不達時務 他人則固無望 君亦爲此言耶]

그러나 유독 안방준은 「임진기사」에서 유성룡이 이이의 십만양병설에 반대의견을 진술하니 이이가 다음과 같이 말했다고 적었다.

속유가 시무를 어찌 알겠는가 하고, 웃으면서 대답하지 않았다.[俗儒何知時務 笑而不答][9]

이것은 이이가 유성룡을 속유로 인정했다는 기사다. 안방준은 선조 6년(1573) 계유생癸酉生이니 선조 16년(1583) 계미년癸未年에는 겨우 열 살에 불과한데 당시의 일을 견문見聞 기억할 수 있겠는가? 후일의 전문에 의거하여 쓴 기록이기 때문에 이러한 부회 억단이 있었을 것이다.

다만 이항복이 찬술한 「율곡신도비명」에서는 임진왜란을 예견한 문구인 "10년이 지나지 않아서 마땅히 토붕와해의 화란이 있을 것[不出十年 當有土崩之禍]"이라는 말은 기록하지 않았는데, 이것은 유성룡과 같이 임진란을 겪은 이항복이 그 용어를 취사선택하여 사용했기 때문일 것이다. 김장생이 「율곡행장」에서 특히 강조한 "10년이 지나지 않아서[不出十年]"의 '10년'은 시간적으로 꼭 10년이라는 뜻이 아니고, 그저 '불원장래不遠將來'나 '불원간不遠間'을 지칭한 말이다. 이런 용법은 다음의 몇 가지 기사에서도 그 실례를 찾아볼 수 있다.

회재晦齋 이언적李彦迪(1491~1553년)은 「일강십목소一綱十目疏」에서 군정을 정돈해야 한다고 주장했는데, 그 조목條目에서 다음과 같이 말했다.

군정을 개혁 정돈하지 않으면 10년이 지나지 않아서[不及十年]에 군비가 탕진되어 국가가 낭패를 당할 것입니다.[10]

또 학봉鶴峯 김성일金誠一(1538~1593년)도 진언進言에서 이렇게 말했다.

지방 수령이 한 사람도 국사를 담당하는 이가 없으니 나라의 계획과 백성의 생활은 임금께서 이미 알고 있는 바입니다. 이같이 된다면 10년이 지나지 않아서 위망危亡의 화란禍亂이 곧 이르게 될 것입니다.[守令無有一人 擔當國事者 國計民生 自上所已知也 如此則不出十年 危亡之禍 立至矣][11]

율곡 이이도 「만언봉사萬言封事」에서 다음과 같이 말했다.

가만히 오늘날의 시사를 살펴보면 일은 날로 그릇되고 백성들의 기력은 날로 소진해져서 권간이 용사用事할 때보다도 더 심한 편입니다. (……) 오늘날의 일도 실로 이와 같으니 10년이 지나지 않아서 화란이 반드시 일어날 것입니다.[竊觀今之時事 日就謬誤 生民氣力 日就消盡 殆甚於權奸用事之時 (……) 今日之事 實同於此 不出十年 禍亂必興][12]

이언적의 상소는 중종 34년(1539)에 있었고, 김성일의 진언은 선조 6년(1573)에 있었고, 이이의 「만언봉사」는 선조 7년(1574)에 있었으다. 이들 상소는 모두 임진왜란과는 시기가 53년, 19년, 18년이 차이가 난다. 이런 말들은 불원장래(불출십년)에 위망이 닥쳐올 것이라는 일종의 사전경고이지 임진왜란을 정확히 예견하고 경고한 말은 아니다. 따라서 이이가 정확히 10년 전에 임진왜란을 예견했다는 기사는 행장 찬술자의 부회적인 논지에 불과하다.

　'사색당쟁四色黨爭'이 발생하기 이전의 『조선왕조실록』은 사관의 직필로 대개 공정하게 편찬되었다고 할 수 있다. 하지만 당쟁이 격화된 이후의 실록, 곧 선조 시대 이후의 실록은 그렇지 않다. 실록을 편찬할 당시의 집권당에 유리하게 기술하므로 후에 반대당이 집권하면 실록을 다시 편찬하는데 이것이 이른바 『수정실록修正實錄』이다. 선조 때의 『선조실록』과 『선조수정실록』, 현종 때의 『현종실록顯宗實錄』과 『현종개수실록顯宗改修實錄』, 경종 때의 『경종실록景宗實錄』과 『경종개수실록景宗修正實錄』은 모두 이러한 이유에서 편찬되었다.

# 1 『선조실록』과 『선조수정실록』

『선조실록』은 선조 즉위년(1567) 7월 3일부터 41년(1608) 2월 1일까지의 역사를 기록한 것으로 합계 221권이고, 『선조수정실록』은 같은 기간의 역사를 모두 42권에 편찬했다. 『선조수정실록』은 기사 분량이 매우 적어 다른 실록처럼 월별로 표시하지 않고 연별로 표시했다.

『선조실록』은 광해군 때 집권당이었던 북인 기자헌奇自獻·이이첨李爾瞻 등이 주도하여 편찬했는데, 임진왜란 이전의 기사는 사료가 모두 병화에 타버렸으므로 매우 간략하고, 임진왜란 이후의 기사는 사료의 분량은 많으나 내용이 조잡하고 당파 관계로 공정하지 못한 기록이 적지 않다. 서인 이이·성혼成渾·박순朴淳·정철鄭澈 등과 남인 유성룡 등에 대해서는 없는 사실을 꾸며서 비방하고, 집권당인 북인의 이산해李山海·이이첨·정인홍鄭仁弘 등에 대해서는 정인正人 군자君子처럼 칭찬 미화하여 시

『선조실록』과 『선조수정실록』. 『선조실록』은 선조의 다음 임금인 광해군 때 집권당인 북인의 기자헌·이이첨 등이 주도하여 편찬했는데, 그 후 인조반정으로 북인정권이 몰락하고 서인이 정권을 잡게 되자 『선조실록』을 수정하자는 의견이 나와 수정작업을 시작했다. 『선조수정실록』의 기사는 편찬에 쓰인 사료가 대부분 사관이 초록한 사초가 아니라 개인의 행장과 비문, 야사와 잡기 등인데 이런 사료를 엄정하게 취사선택하지 않고 그대로 인용해 서술했기 때문에 정치의 득실에 따라 인물을 포폄褒貶하는 등 공정성을 잃고 기록한 사실이 많다. (서울대학교 규장각 소장)

비선악是非善惡이 서로 전도되는 곡필이 많다.

그 후 인조반정으로 북인정권이 몰락하고 서인이 정권을 잡게 되자 『선조실록』을 수정하자는 의견이 나왔다. 인조 즉위 초년(1623)에 경연관 이수광李睟光·임숙영任叔英 등이 실록을 수정하도록 건의하고 좌의정 윤방尹昉이 또한 이를 역설했다. 하지만 이괄의 난과 정묘년·병자년의 호란 등으로 국사가 다난했기 때문에 즉시 수정하지는 못했다. 인조 19년(1641) 2월에 대제학 이식李植(1584~1647년)의 상소로 실록 수정을 결의하고 이식에게 이 수정작업을 전담시켰는데, 이식이 수정을 시작한 것은 인조 21년(1643)부터다. 인조 21년 7월에 이식이 예문관 검교 심세정沈世鼎과 함께 무주茂朱 적상산赤裳山 사고에 가서 『선조실록』 중 수정할 곳을 초출抄出(필요한 부분을 골라서 뽑아냄)했고, 곧 수정실록청을 설치하고는 가장家藏(집에 보관한 것) 사초史草, 개인의 행장과 비문, 야사와 잡기 등을 수집하여 수정작업을 시작했다. 그러나 인조 24년(1646) 정월에 이식이 다른 일로 파면되고 이내 사망했기 때문에 수정작업은 중단되고 말았다.

이후 효종 즉위년(1650)에 수정작업을 계속하려 했으나, 효종 8년(1657) 3월에 이르러서야 영돈령부사領敦寧府事 김육金堉·대제학 채유후蔡裕後 등이 재차 수정실록청을 설치하고 그해 9월에 완성했다. 『선조수정실록』은 1년간의 기사를 1권으로 편찬했기 때문에, 선조 재위 42년간의 기사를 합계 42권으로 편찬했다. 선조 즉위년(1567)부터 29년(1596)까지 30년간의 역사 30권은 이식 등이 편찬했고, 선조 30년부터 41년(1608)까지 12년간의 역사 12권은 채유후 등이 편찬했다.

이상이 『선조실록』과 『선조수정실록』의 편찬 개요다. 『선조실록』의 기사는 대개가 간략하여 월별로 기록되지 않은 부분이 간혹 있기도 하며, 특히 선조 15년(1582)의 기사는 전부 3장에 불과하고 선조 17년(1584)의 기사는 전부 6장에 불과하여 불성체재不成體裁(불완전하게 이루어진 틀)의 소략함을 나타낸다. 더구나 『선조수정실록』의 기사는 편찬에 쓰인 사료가 대부분 사관이 초록한 사초가 아니라 개인의 행장과 비문, 야사와 잡기 등인데 이런 사료를 엄정하게 취사선택하지 않고 그대로 인용해서 서술했기 때문에 정치의 득실에 따라 인물을 포폄襃貶했으며 어떤 특정 인물에 대해서는 찬양이 지나친 반면 상대 인물에 대해서는 폄하하는 등 사실 기록의 공정성을 잃은 것이 역력히 나타나 있다.

## 2 십만양병설의 의문점

일부 사학자들은 율곡 이이와 서애 유성룡이 '십만양병설'을 두고 서로 대립했다고 설명한다. 그렇다면 십만양병설은 이이가 실제로 경연 중에 건의한 정책이며, 또한 유성룡이 불가하다고 반대했을까? 이이와 유성룡은 모두 선조宣祖 시대의 명신名臣이고 위인이다. 하지만 두 분의 정치 활동 측면을 살펴보면, 이이는 임진란 발발 이전에 시폐時弊 구제救濟에 대한 정책건의를 많이 했으며, 유성룡은 임진왜란 발발 이후의 국난 극복에 관련된 정치실무를 담당하여 처리했다. 이이는 경륜經綸하는 '경세가經世家'라고 할 수 있고, 유성룡은 실제로 나라의 정무를 맡아 처리한 '정치가'라고 할 수 있다. 나이로는 이이가 유성룡보다 여섯 살이 많으며, 이른바 '십만양병설'이 건의되었다는 선조 15년(1582)에 이이는 종1품직인 의정부 우찬성, 유성룡은 정3품직인 홍문관 부제학이었다. 이이가 손수 기록한 『경연일기經筵日記』에는 두 분의 정치활동에 서로 관계한 기사가 이렇게 기재되어 있다.

유성룡이 홍문관 부제학의 관직을 제수받고 서울에 들어와서 임금의 은혜에 사례하니 사류들이 조정에 많이 모여서 모두 그가 큰일을 할 능력이 있음을 기대하고 있었다.[柳成龍 以副題學 入京謝 恩 士類多聚于朝 人皆想望有爲矣][13]

이어서 다음과 같은 기사가 실려 있다.

서애가 율곡에게 조정의 근본 정책을 물으니, 율곡이 "위로는 군주의 마음을 바로잡고 아래로는 조정의 정치를 깨끗이 하는 것이오"[14]라고 대답했다.

맨 끝의 기사에는 다음과 같이 기록되어 있다.

겨울에 풍우가 크게 일어나고 천둥과 번개가 치는 천변天變이 있으므로 임금이 이 일로써 공경公卿을 불러들여 영상領相 박순 이하의 제신諸臣들이 입대했는데, 임금이 좌우의 제신들에게 "천변이 정상이 아니니 어떻게 이를 대응하겠는가"라고 하니 제신들이 마음에 품고 있던 의견을 각기 진술했으나 모두 용렬하고 번쇄煩瑣(너저분하고 자질구레함)하여 채택할 만한 것이 없는데, 다만 이이(율곡)와 유성룡(서애)의 건백建白한 것이 능히 정치하는 대체大體를 설명했을 뿐이다.[15]

이이가 작성한 『경연일기』의 기사는 이이와 유성룡이 서로 호감을 갖고 국사를 문답했으며, 또 조정 제신들의 정책건의 중에서 두 사람의 건백한 사항만이 남달리 부각되고 있음을 나타낸다. 『경연일기』 3권은 명종 20년(1565)에서 선조 14년(1581)까지 16년간의 일기인데, 여기에서는 이이와 유성룡이 정책건의에 대해 의견대립이 나타난 것을 찾아볼 수 없다.

또 유성룡의 연보와 문집 등을 살펴보면 이이와 관련된 기사는 한 자도 나타나지 않는다. 이를 미루어보면 이이와 유성룡의 정책대결 기사는 대부분 후세 사람들이 억단 추록追錄한 것에 불과하다.

이이의 '십만양병설'을 유성룡이 '양병불가론'으로 반대했다는 기사는 김장생이 찬술한 「율곡행장」, 이정귀가 찬술한 「율곡시장」, 이항복이 찬술한 「율곡신도비명」, 송시열이 편찬한 「율곡연보」 등 여러 사료들에서 나타난다. 『선조수정실록』을 편찬한 이식은 이런 기록 등을 인용해 『선조수정실록』을 작성했는데, 특히 「율곡연보초고栗谷年譜草稿」의 기사를 『선조수정실록』 15년 9월조에 그대로 전재轉載했다.

이이를 의정부 우찬성으로 임명하니 봉사封事를 올려 시폐時弊를 남김없이 진술했는데, 그 대략은 (……) 옛날에 제갈량諸葛亮이 "적적賊을 토벌하지 않으면 왕업은 또한 망할 것이니 다만 앉아서 망하기를 기다리는 것이 어찌 적을 토벌하는 것보다 낫겠는가"라고 말했는데, 신또한 경장更張을 하지 않으면 나라가 반드시 망할 것이니 다만 앉아서 망하기를 기다리는 것이 어찌 경장하는 것보다 낫겠습니까. 경장을 해서 잘되면 사직社稷(국가)의 복이 될 것이고 경장을 해서 잘되지 않더라도 망국을 재촉하지는 않을 것이니 경장을 하지 않고서 망하는 것과 같을 뿐입니다. 전하께서 비록 백성을 사랑하는 마음이 있더라도 백성을 편안하게 하는 정사政事를 시행하지 않으니, 한갓 착하기만 하고 법도가 없으므로 백성은 은덕恩德을 입지 못하고 있습니다. 이것이 백성들이 적폐積弊에 궁곤窮困하게 된 까닭입니다. (……) 지금은 백성이 흩어져서 병졸兵卒은 없어지고 창고는 텅 비어 있는데 은혜는 아래에 미치지 못하고 신의는 흔적도 없어졌으니, 혹시 외적이 우리를 업신여겨 변경을 침범하고 완악頑惡(성질이 억세게 사납고 고집스러움)한 백성이 황지潢池(좁은 곳)에서 병기를 훔쳐 장난을 한다면 외적을 방어할 만한 병졸도 없고 병졸이 먹을 만한 곡식도 없고 국세國勢를 유지할 만한 신의도 없는데, 이런 처지에서 전하께서 장차 무엇으로써 대응하겠습니까. (……) 적폐積弊를 제거할 것은 지금 낱낱이 거론할 수가 없지만, 신이 매양 경연經筵에서 진달하는 것은 공안貢案을 개정하고 이원吏員(벼슬아치)을 줄이고 감사를 구임久任(오랫동안 맡김)시키는 세 가지뿐입니다.[16] (……)

임금이 그 봉사封事(이이가 올린 봉사)를 입시한 제신들에게 보이면서 "우찬성(이이)이 그전부터 매양 이런 주장이 있었으나 나는 이를 지극히 어려운 일로 인정하고 있는데 제신들의 의사는 어떠한가" 하니 장

령掌令 홍가신洪可臣은 "이 일은 지금의 급무急務이옵니다. 이것을 전
옥殿屋에 비한다면 조종祖宗께서 창건한 전옥이 세월이 오래되어 허
물어진다면 반드시 새 재목으로 중수해야 할 것이니 경장의 계책도
이것과 무엇이 다르겠습니까"라고 하였다. 임금이 이를 그렇게 여겼
는데, 부제학 유성룡이 이를 듣고는 이튿날 차자箚子를 올려 이이의
의논이 시의時宜에 적합하지 않은 점을 남김없이 진술하자 그 의논은
마침내 중지되고 말았다. 홍가신이 유성룡에게 나아가니 성룡은 가
신이 이이의 의논에 부회한 것을 힐난詰難하였다. 가신은 "공(유성룡)
은 과연 이이가 말한 경장을 그르게 여깁니까" 하니 성룡은 "경장은
진실로 옳지만 다만 이이의 재능이 능히 이 일을 처리하지 못할까 염
려될 뿐이오"라고 하였다.[17]


위의 『선조수정실록』에 인용한 홍가신과 유성룡의 문답 기사는
「율곡연보초고」의 기사를 그대로 옮긴 것인데, 유성룡이 이이의 경
장하자는 봉사에 반대했다는 '차자'는 『서애집』이나 다른 여러 기록
에서도 전연 찾아볼 수가 없으므로 그 내용이 어떤 것인지 지금은
알 길이 없다. 다만 여기서는 「율곡연보초고」에 수록된 이 경장 반대
에 관한 기사를 인증하여 『선조수정실록』 기사의 의문점을 알아보고
자 한다.

「율곡연보초고」에 수록된 이 조목은 이이의 서자 이경림李景臨
(1574~?)이 만전당晚全堂 홍가신(1541~1615년)과 서로 문답했다는 내
용을 이경림이 인용해 수록한 것인데, 그 내용은 대략 다음과 같다.

홍가신이 해주목사로 부임한 즉시 석담石潭(율곡 이이)을 찾아와서 조용히 경림에게 이르기를 (……) 대체 율곡의 재능으로써 임금의 신임을 얻어 세무를 담당하여 매양 경장의 대책을 진술했으니 그 논설이 시행되었다면 세상에 쓸모가 있었을 것인데도, 유이현而見(유성룡의 자字)과 같은 이가 한 시대에 같이 살면서 매양 그 계책을 저지시켰으니 율곡의 경장계책更張計策이 시행되지 못한 것은 모두가 이현(유성룡)이 한 짓이다. (……) 임오년(1582) 무렵에 내(홍가신)가 장령의 직책으로 사정전에 입시했을 때 율곡의 봉사가 도착하니 임금께서 그 소疏를 좌우의 신하들에게 두루 보이고는 묻기를 "경장이 어떠한가. 우찬성(이이)이 그전부터 매양 청했으나 나는 이를 어렵게 여기고 있다" 하므로, 내가 즉시 자리에서 나가 아뢰기를 "이것은 실제 지금의 급

은병정사隱屛精舍. 황해도 관찰사를 지내기도 한 이이는 처가인 황해도 해주 석담石潭의 아름다운 경치에 매료되어 그곳에 은병정사라는 정자를 지은 후 이곳과 외가가 있는 강릉의 오죽헌, 고향 율곡리를 오가며 생활했다. 홍가신은 해주목사로 부임하자마자 석담에 있는 이이를 찾아왔다.

무입니다"(……)(이하 실록의 기사와 같음) 하니 임금이 그렇게 여겼다. 이튿날 저보邸報(관보)에 부제학 유성룡이 우찬성 이모(이이)가 상소 진술한 제설대로 조종의 제도를 경솔히 변경할 수 없다는 일로써 대궐에 들어가 계啓했다는 것을 보고 나는 곧 놀라고 괴이하게 여겨 이현의 집에 이르렀다. 이현이 나를 맞아 이르기를 "홍도興道(홍가신의 자) 또한 숙헌叔獻(이이의 자)의 주장에 부회傅會(견강부회)하는가" 하므로, 내가 묻기를 "영공令公(유성룡에 대한 존칭)이 일찍이 율곡과 함께 국사를 의논하지 않았습니까" 하니, 이현은 "진실로 일찍이 의논하였지요"라고 했다. 내가 묻기를 "그렇다면 그의 경장계책은 어떻습니까?" 하니, 이현은 말하기를 "경장의 계책은 비록 좋지만 숙헌의 재능이 능히 처리할 수 없을까 염려될 뿐이오" 하였다. (……) 대개 율곡과 이현이 한 시대에 같이 살면서 의견이 서로 합하지 않는 것이 이와 같았으니 이것 또한 운수運數다. 임진왜란을 겪은 후 이현이 국사를 자기가 담당한 후에야 비로소 율곡의 선견을 탄복했지만 또한 무슨 이익이 있겠는가.[18]

이 기사에서 말한 「저보邸報」에 유성룡이 대궐에 들어가 임금에게 '계啓'했다는 것이 차자로 상계上啓한 것인지, 그냥 어전에서 말로 진계進啓한 것인지는 자세히 알 수가 없다. 임진왜란을 당하여 유성룡이 국사를 자담自擔한 후에 비로소 이이의 선견을 탄복했다는 기사도 마찬가지다. 이이의 봉사는 국사 전반의 경장에 관하여 말했을 뿐이고, 이이가 연전筵前에서 건의했다는 이른바 '십만양병설'은 여기서는 일절 거론되지 않았다. 따라서 임진란을 당한 후 유성룡이 이이의 선견을 탄복했다는 일절—節은 이 경장 관련.기사와는 아무런 관계가 없다.

그런데도『선조수정실록』에서는 이 조목의 기사를 실었다.

유성룡이 말하기를 "(이이의) 경장책이 진실로 옳지만, 다만 그의 재능이 능히 이 일을 처리하지 못할까 염려될 뿐이다."[成龍曰 : 更張固是 但恐其才不能辦此事也]

또 잇달아 다음과 같은 기사를 수록했다.

이이가 일찍이 경연에서 의견을 올리기를 "10만 군병을 미리 길러 전두前頭의 예기치 못할 사변에 대비하소서" 하니, 유성룡은 아뢰기를 "군병을 기르는 것은 화근을 기르는 것입니다" 하고는 논변論辨하기를 매우 힘차게 하였다. 이이는 매양 탄식하기를 "유성룡이 재능과 기백氣魄은 다 높은데도 나와 더불어 국사를 같이 처리하려고 하지 않는데, 우리들이 죽고 난 후에는 반드시 그 재능을 시행할 것이다" 라고 하였다. 임진왜란을 당하여 성룡이 국사를 담당, 군무를 처리할 적에 매양 일컫기를 "이이는 선견의 명지明智와 충근忠勤의 절의가 있었으니 그가 죽지 않았더라면 반드시 금일의 일에 도움이 있었을 것이다" 라고 하였다.[珥嘗於經席獻言 請預養十萬兵 以備前頭不虞之變 成龍曰 養兵所以養禍也 論辨甚力 珥每歎 柳成龍才氣甚高 而不欲與吾同事 吾輩死後 方必施其才 及壬辰之亂 成龍當國 料理軍務 每稱珥有先見之明 忠勤之節 使其不死 必有補於今日云][19]

이 기사가 바로 이이의 이른바 '십만양병설'이 실린 임오년 9월조 『선조수정실록』 기사다. 첫머리에 일찍이 경연에서[甞於經筵]라고 했는데 일찍이[甞]는 그 시일이 정확하지 않은 표현이다. 뿐만 아니라 『선조수정실록』 편찬자는 「율곡연보초고」에서 홍가신이 이이의 서자 이경림과 문답한 기사와 이경림이 말했다는 기사 중 일부를 거의 원문 그대로 인용 기재했다.

임진왜란을 겪은 후, 이현而見(유성룡)이 국사를 자기가 담당한 후에야 비로소 율곡의 선견에 탄복했다.[經亂之後 而見自當 然後始服栗谷之先見][20]

선고先考(이경림의 부친 이이)께서 일찍이 말씀하기를 "이현(유성룡)이 재능과 기백은 다 뛰어나지만, 다만 기극忌克(자신보다 뛰어난 것을 꺼리는 것)의 병통이 있기 때문에 나와 더불어 국사를 같이 처리하려고 하지 않는데, 우리들이 죽고 난 후에는 반드시 그 재능을 시행할 것이다"라고 하였다. 임진왜란 후 서애가 국사를 담당할 때 매번 조당朝堂에서 선친을 가리켜 "선견先見의 재지才智와 격조格調가 있었다"고 말했다.[先君子甞曰 而見才氣儘美 而第有忌克之病 不欲與吾同事 吾輩死後 方必施其才耳 壬辰後 西厓擔當國事 每於朝堂 盛稱先君子 先見才調][21]

나아가 임오년(1582)에 이이가 올린 「경장봉사更張封事」 내용 중에 전혀 언급되지 않았던 이른바 '십만양병설' 기사를 여기에 첨부함으로써 '십만양병설'을 이이의 '선견지명'에 결부하여 사실로 만들려고 노력했다.

게다가 이경림이 기록한 「율곡연보초고」는 홍가신이 유성룡을 비난한 것처럼 전하지만 정작 홍가신의 문집인 『만전집晚全集』에 나오는 기사는 이와 다르다. 홍가신이 유성룡에 대해 쓴 『만전집』 권5의 「약서유서애이현행적略敍柳西厓而見行跡」을 살펴보자.

임오년(1582) 무렵에 공(유성룡)이 부제학이 되고 이숙헌(율곡의 자)이 병조판서가 되었다. (······) 이때 숙헌이 상소하여 법이 오래되면 폐해가 발생함을 힘써 말하고 "심한 경우는 반드시 변통變通을 해야만 백성들이 일분一分의 은택을 입을 수 있다"고 하니 공이 홍문관에 재직하면서 또한 차자箚子를 올려 논하기를 "조종의 법은 비록 한때의 폐해가 있더라도 경솔히 변경할 수 없다"고 하여 말이 매우 격당激當(지극히 당연함)하니 숙헌이 무연憮然(실망한 모양)하여 나에게 이르기를 "이현(유성룡의 자)은 나와 함께 국사를 의논할 적엔 '오늘날 일을 하려고 한다면 모름지기 약간若干의 변통은 있어야 된다' 하고는, 지금 도리어 차자를 만들어 나의 상소를 방지하니 그 뜻을 이해할 수가 없다"고 하였다. 후일에 내가 이 일로써 공에게 질문하니 공은 웃으면서 말하기를 "법을 변경하는 것은 옳지만 이런 일을 숙헌과 함께 할 수는 없다"고 하였다. (······) 내가 매양 공의 온화한 기상을 배우려고 했지만, (그렇게) 되지 않아서 경박하고 소략踈略한 병통이 노경老境에 이르도록 그 전과 다름이 없다.

홍가신은 유성룡이 이이의 경장상소에 불가하다고 한 것을 '격당激當'하다고 평가했다. 또한 자신은 유성룡처럼 되지 않아서 '소략한 병통'이 있다고 말하며 유성룡의 온화한 기상을 사모했다. 그런데도 이경림이 기록한 「율곡연보초고」는 전혀 다른 내용을 싣고 있다.

  홍가신이 해주목사로 부임한 즉시 석담石潭을 찾아와서 조용히 경림
  에게 이르기를 (……) "율곡의 경장계책이 시행되지 못한 것은 모두
  가 이현(유성룡)이 한 짓이다" 하므로, 경림이 묻기를 "유정승이 재능
  은 진실로 훌륭하지만 기백氣魄이 모자란 까닭으로 사업에 졸렬하였
  으니 또한 어찌 도량이 좁아서 그렇게 된 것인가"라고 하니 만전晚全
  (홍가신의 호)은 웃으면서 말하기를 "이현의 재능과 기백은 모두 훌륭
  하지만 다만 마음가짐이 공평하지 못할 뿐이다" 하였다.

  이렇게 홍가신의 글과는 다르게 유성룡의 인격을 폄론貶論했다고
외곡하고 있다. 「율곡연보초고」의 다음 기사도 마찬가지다.

  선고先考(이이)께서 일찍이 말씀하시기를 "이현(유성룡)의 재능과 기백
  은 모두 훌륭하지만, 다만 기극忌克하는 병통이 있기 때문에 나와 더
  불어 국사를 같이 처리하려고 하지 않지만, 우리들이 죽고 난 후에는
  반드시 그 재능을 시행할 것이다" 하였다.

  이경림이 작성한 「율곡연보초고」는 정작 홍가신의 글에는 없는 두
가지 사실, 곧 '유성룡이 타인의 재능을 시기하는 병통이 있다'는 것
과 '유성룡은 마음가짐이 공평하지 못하다'는 내용이 첨가되어 있
다. 이는 이경림이 기록한 「율곡연보초고」의 자의적 외곡이라 할 수

있다.

「율곡연보초고」에 의거하면 이이의 서자 이경림은 이이가 39세 때인 갑술년(1574)에 출생했고, 이이가 49세에 별세한 갑신년(1584)에 겨우 11세에 불과했다. 11세의 이경림이 어찌 홍가신과 이이의 대화를 듣고서 기억했다가 뒷날 문적에 기록할 수 있었을까? 또한 이이가 당시 유성룡과 의견 차이가 있었다고 가정하더라도, 유성룡의 시기하는 병통 때문에 자기와 더불어 국사를 같이 처리하지 않으려고 했다는 등의 인격 폄하 발언을 했겠는가?

이것은 동서 분당 이후 서인들이 동인 유성룡을 헐뜯던 말을 듣고 유성룡의 인격을 폄론하는 말을 첨가했다고 보는 것이 타당할 것이다. 또한 이이가 "우리들이 죽고 난 후에는 서애가 반드시 그 재능을 시행할 것이다"라는 기사는 더욱 이이의 말이라고 믿기 어렵다. 이것은 이이가 자신의 사후에 임진왜란이 발생할 것과 유성룡이 국난 극복에 많은 공을 세울 거라고 미리 예견했다는 것인데, 이이가 49세(1584)에 세상을 떠났을 때는 임진왜란이 발생(1592)하기 8년 전이다. 이이가 57세의 나이로 자신이 죽을 것과 그로부터 8년 후에 임진왜란이 일어날 줄 미리 알았다고 볼 수는 없다. 이는 모두 후인들이 이이가 앞날을 내다볼 수 있는 선견지명이 있음을 말하기 위해 만들어낸 말이다.

이렇게 「율곡연보초고」는 훗날 많은 내용이 첨가된 개인 행장인데, 효종 때 『선조수정실록』을 편찬하면서 사료를 엄정하게 취사선택하지 않고 그대로 인용 전재한 것이다. 그전의 역대 실록 기사는 사관이 초록抄錄한 사초를 모아 그 내용을 취사 편찬했기 때문에 신빙도가 높지만, 『선조수정실록』의 기사는 개인의 행장, 잡기 등을 엄밀한 고증 없이 그대로 인용 편찬했기 때문에 기사 자체가 조잡스러울 뿐만 아니라 의문점을 많이 내포하고 있다.

## 1 이이의 군정개혁론

율곡 이이의 이른바 '십만양병설'에 대해 『선조수정실록』 임오년(선조 15년, 1582) 9월조 「경장봉사」 말미에 "이이가 일찍이 경연 석상에서 미리 10만 군병을 기르도록 청했다[珥嘗於經席獻言 請預養十萬兵]"라고 기록되어 있다. 그러나 「율곡연보」에는 계미년(선조 16년, 1583) 4월조에 "입대하여 10만 군병을 미리 길러 불우의 변에 대비하도록 청했다[入對 請預養十萬兵 以備不虞]"라고 기록되어 있다. 『선조수정실록』에는 선조 15년(1582)에 '일찍이'라고 기록되어 있는 내용이 「율곡연보」에는 선조 16년(1583) 4월조에 실려 있다는 사실 자체가 그 허점을 드러낸다고 볼 수 있다.

군정개혁에 대해서는 이이 이전에도 이미 여러 인물들이 건의한 적이 있다. 회재 이언적도 그중 한 사람인데, 그는 중종 34년(1539)에 유명한 「일강십목소」에서 군정개혁을 논의했다. 그는 군정의 급무를 '장수를 선임하고 사졸을 훈련하고 비축備蓄을 풍부하게 하고 병기를 예리하게 하고 성보城堡를 수축'하는 다섯 가지 일에 있고, 군정의 근본은 '인심의 화합과 신뢰'에 있음을 강조하고, 당면한 폐해로는 변장邊將 침학侵虐과 군보軍保의 독책督責 등을 들었다. 이언적의 건의에도 '10년이 못 가서'라는 말이 있다. 이언적은 이렇게 건의했다.

> 만약 구습을 버리지 못하고 변통성이 없어서 다시 개혁하여 이를 구제하지 못한다면 10년이 못 가서[不及十年] 보병步兵과 수졸水卒은 장차 남지 않을 것이고 군비가 전혀 없어질 것이니, 구적寇賊이 다투어 일어나고 인적隣敵(이웃 국가의 적)이 몰래 침범한다면 국가에서는 어떻게 대처할 것인지 알 수 없습니다.[22]

이이의 군정개혁에 대한 건의는 선조 7년(1574) 정월에 그가 우부승지로 재직시 「만언봉사萬言封事」*를 올릴 때부터 시작하여, 선조 16년(1583) 그가 병조판서로 재직할 때까지 여러 차례에 걸쳐 있었다. 대부분 변장의 침학을 제거하고 군적의 정비를 단행해야 된다고 강조한 내용들이다. 이런 봉사에도 나타나지 않던 '십만양병설'은

---

\* 이이는 군정을 개혁하여 내외의 방비를 견고히 해야 한다는 조목에서 그 폐단을 지적했는데, ① 병사·수사·첨사·만호·관찰 등 군사지휘관의 녹봉이 지급되지 않는 데서 오는 폐단 ② 각 지방 수군·육군의 유방지留防地와 거주지가 동일하지 않은 데서 오는 폐단 ③ 6년마다 군적 개정이 시행되지 않는 데서 오는 폐단 ④ 내외 양역良役의 대립가代立價를 남징濫徵하는 폐단 등이다.(『율곡전서』 권5, 소차疏箚 3, 「만언봉사」)

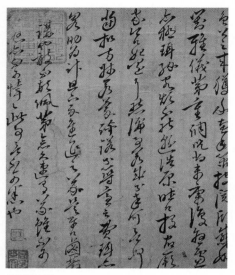
이이의 간찰

『선조수정실록』의 임오년(선조 15년, 1582) 9월조 「경장봉사」 말미에 사관이 부록으로 덧붙여 평한 데서 처음 나타나며, 또한 「율곡연보」의 계미년(선조 16년, 1583) 4월조에 부록으로 쓰여진 것이 전부다. 『선조수정실록』의 「경장봉사」 본문에는 이른바 '십만양병설'이 전혀 나타나지 않는다. 이이는 이렇게 말했다.

지금은 백성이 흩어져서 병졸은 없어지고 창고는 텅 비어 있는데 은혜는 아래에 미치지 못하고 신의는 흔적도 없어졌으니, 혹시 외적이 우리를 업신여겨 변경을 침범하고 완악頑惡한 백성이 황지潢池(좁은 곳)에서 병기를 훔쳐 장난을 한다면 외적을 방어할 만한 병졸도 없고 병졸이 먹을 만한 곡식도 없고 국세國勢를 유지할 만한 신의도 없는데, 이런 처지에서 전하께서 장차 무엇으로써 대응하겠습니까.[23]

이이는 「경장봉사」에서 경장할 시급한 문제로 공안貢案을 개정하고 이원吏員(서리와 아전)을 줄이고 감사를 구임久任(오랫동안 근무함)시키는 세 가지 문제만 거론했을 뿐이다.[愚臣之每達于經席者 是 改貢案省 吏員 久任監司 三者耳][24]

이듬해인 계미년(선조 16년, 1583) 정월 이이가 병조판서로 임명된

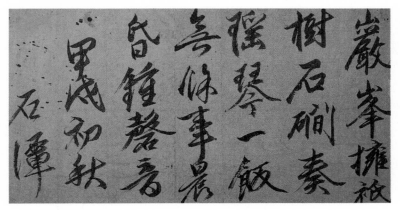

이이의 시(서울대학교 박물관 소장)

것을 사양하자 선조는 이를 허가하지 않으면서 이렇게 말했다.

> 그대가 일찍이 경장하는 일로써 전후前後에 간절히 아뢰니, 이는 그
> 대가 마음먹은 것이다. 그대가 능히 기모奇謀를 내어 유폐流弊를 개혁
> 改革하여 병졸을 기르는 규정을 만든다면 국가에 다행할 것이다.[25]

이때 북호北胡(여진족) 이탕개尼蕩介가 변경에 입구入寇했다는 경보
가 있어서 이이는 사직하지 못하고 마침내 병조판서의 직무를 보게
되었다.

이해 2월 병조판서 이이가 입대하여 「시무육조時務六條」를 진술했
다. 「시무육조」는 ① 현능賢能을 임용할 것 ② 군민軍民을 양성할 것
③ 재용財用을 충족시킬 것 ④ 번병藩屛을 굳건히 할 것 ⑤ 전마戰馬
를 준비할 것 ⑥ 교화를 밝힐 것 등 6개 조목으로 되어 있는데, '십
만양병설'과 관련하여 양병과 관계되는 '군민을 양성할 것'이라는 조

목을 살펴보자. 다른 직책도 아닌 병조판서이기 때문에 십만양병설이 그의 소신이라면 이때 강조했을 것이기 때문이다. 그러나 이이는 여기에서 양병養兵은 양민養民으로 그 근본을 삼아야 된다고 강조하면서 양병에 따른 '재용을 충적시킬 것'과 '전마를 준비할 것'만 말했을 뿐 십만양병설을 말하지는 않았다. 선조는 이이의 상소를 비변사에 내리면서 이렇게 말했다.

이 소의 내용은 나라를 위하는 정성이 지극하다고 하겠다. 나도 또한 한마디의 말로써 이를 포괄해 말한다면 위로는 공경으로부터 아래로는 사대부에 이르기까지 관절關節(뇌물을 줌)과 간청簡請(서찰로 청탁함)의 사정私情을 쓰지 않는다면 아무 일을 하지 않아도 저절로 다스려질 것이다. 그의 이른바 '임현능任賢能, 양군민養軍民, 족재용足財用, 고번병固藩屛, 비전마備戰馬, 명교화明敎化' 등도 모두 이것(관절과 간청)에 매여 있으니, 그러지 않으면 훌륭한 법과 좋은 의도도 다시 시행할 데가 없으므로 비록 날마다 구법舊法을 변경하더라도 아마 이익은 없을 것이고 한갓 스스로 노고勞苦만 할 뿐이다.[26]

선조는 이이가 건의한 「시무육조」를 시행하는 관건은 이른바 '행뢰行賂·청탁請託'의 탐풍貪風을 근절하는 데 있다고 언급한 것이다.

4월에 이이는 또 봉사를 올려 시폐를 진술했는데, 그는 먼저 북호가 변경을 침범하여 국내 정세가 불안하다고 말하면서 이렇게 덧붙였다.

천하의 일은 근본이 있고 말단이 있으므로 그 근본을 먼저 다스린 사람은 오활迂闊(사리에 어둡고 세상 물정을 잘 모름)한 듯하지만 성공하게 되고, 그 말단을 힘쓰는 사람은 간절한 듯하지만 도리어 해가 있게 됩니다. 금일의 일을 말한다면 조정을 화합하고 폐정을 개혁하는 것은 그 근본이고 병식(군량)을 조달하고 방비를 튼튼히 하는 것은 그 말단인데, 말단도 진실로 시행해야 되겠지만 근본은 마땅히 더욱 먼저 해야 될 것입니다.[竊惟天下之事 有本有末 先治其本者 似迂而有成 只事其末者 似切而反害 以今日之事言之 和朝廷 而革弊政者 其本也 調兵食 而固防備者 其末也 末固可擧 而本當尤先][27]

이이는 조정을 화합하고 폐정을 개혁하는 것이 근본이라고 말했다. 이때 말한 조정의 화합은 동서 분당의 화합을 뜻하고, 폐정의 개혁은 공안의 개정, 군적의 정비, 주현의 병합, 감사의 구임이라고 덧붙였다. 이때도 이른바 '십만양병설'은 전혀 보이지 않는다.

이해 6월에는 조정의 삼사에서 이이가 병조판서의 직무를 수행하지 못했다는 과실을 탄핵하자, 이이는 상소 인책하고 그만 고향으로 돌아갔다.[28] 이후의 기사는 대체로 동서 분당에 관련된 일로, 동인과 서인 사이의 정치논쟁 기사가 실록의 전 지면을 메우고 있을 뿐이다.

이상에 열거한 것이 이이의 구폐소救弊疏나 봉사에 나타난 군정개혁론의 추이과정이다. 그 건의내용은 주로 당면 폐해를 제거하는 데 역점을 두었으며, 또 실제 양병에 관해서는 백성의 힘을 기르는 것이 선결문제임을 말했을 뿐 이른바 '십만양병설'은 단 한 번도 거론한 적이 없다. 병조판서로 재직하던 선조 16년(1583)에 한 여러 번의 건의에도 '십만양병설'에 관한 내용은 전혀 없었다.

사실이 이와 같은데도 『선조수정실록』에서는 임오년(선조 15년, 1582) 9월조 「경장봉사」 말미에 십만양병설을 삽입하고, 「율곡연보」에서는 계미년(선조 16년, 1583) 4월조에 삽입했다. 게다가 『선조수정실록』에서는 "일찍이 경연 석상에서"라고 그 시기를 분명히 말하지 않았는데, 「율곡연보」에서는 계미년 4월조에 "입대하여 10만 군병을 미리 기르도록 청했다[入對 請預養十萬兵]"라고 그 시기를 분명히 말했다. 이런 중요한 내용이 그 시기마저 일치하지 않는 것은 이 사실 자체가 실제로 있었던 일이 아니라 후세 사람들이 만들어냈음을 말해주는 증거다. 『선조수정실록』을 작성한 사관은 이이의 경장계책에 '십만양병설'을 포함하려는 의도로 이를 삽입한 것이고 「율곡연보」는 북쪽 오랑캐의 병란에 '십만양병설'을 연관짓기 위해 끌어들인 기록임을 역시 간파할 수 있다.

## 2 유성룡의 변경방비책

이이는 주로 임진왜란 이전에 시폐 구제에 관한 정책건의를 많이 했고 유성룡은 주로 임진왜란 이후에 국난 극복에 관련된 정책을 건의·실행한 것이 많았는데, 이것은 두 분이 재직한 당시의 정세와 임무가 달랐기 때문이다. 이이는 당시 이조·병조의 장관으로 시정의 실무에 재직했기 때문이 시폐 구제의 건의가 많았고, 유성룡은 주로 홍문관·부제학 등의 논사직論思職에 있었기 때문에 군덕君德을 기르거나 광정匡正해야 한다는 진언이 많았다. 유성룡은 이때 차자를 올려 다음과 같은 정책을 건의했다.

신사년(선조 14년, 1581) 겨울에 천둥 번개가 치는 천변天變이 있고 또 얼음이 얼지 않는 기후의 이변이 있어 유성룡은 동료와 더불어 차자를 올려 10조목條目을 진술했는데 그 내용은 다음과 같다.

실덕實德을 닦아서 천심에 보답하고, 내외를 엄하게 하여 궁금宮禁을 숙정肅正하고, 정치의 체모를 살펴 규모를 세우고, 공론을 중시하여 조정의 기강을 정돈하고, 명실名實을 구명하여 인재를 임용하고, 공도를 넓혀서 요행의 길을 막고, 염치廉恥를 배양하여 혼탁한 풍속을 정화하고, 정형을 밝혀 간람奸濫을 지식止息시키고, 적폐積弊(오랫동안 쌓인 폐단)를 제거하여 민생을 구제하고, 학술을 일으켜 선비의 기풍을 진작시켜야 한다.[29]

이 차자는 군주의 정치에 관한 논지로 사신史臣이 "문장과 사리가 모두 아름다웠으므로 한때 널리 전송되었다[詞理俱美 一時傳誦]"라고 할 정도로 높이 평가받았다. 율곡 이이도 이런 유성룡을 높이 평가했다. 선조에게 진언한 차자 중에서 이이도 이렇게 말했다.

제신들이 차례로 마음에 품고 있던 의견을 각기 진술했으나 모두 용렬하고 번쇄煩瑣하여 채택할 만한 것이 없는데, 다만 이이와 유성룡의 건백建白한 것이 능히 정치의 대체大體를 설명했을 뿐이다.[30]

이이는 자신과 유성룡의 진언을 으뜸으로 인정한 것이다. 계미년 (선조 16년, 1583) 2월 북변의 오랑캐 이탕개 등이 변경을 침범했을 때 유성룡은 교지敎旨에 응하여 「비변오책備邊五策」을 올렸다. 이것은 변경방비에 관한 계책으로 '화禍의 근원을 막는 일[杜禍源]', '싸우느냐 지키느냐를 결정하는 일[定戰守]', '오랑캐의 실정을 살피는 일[察虜情]', '군량을 공급하는 일[給饋餉]', '흉년에 백성을 구제하는 정치를 하는 일[修荒政]' 등 다섯 개 사항으로 되어 있는데 그 요지는 다음과 같다.

## 1. 화의 근원을 막는 일

(……) 현재 북로北虜의 형세는 중국 역대의 강적인 북방의 흉노, 돌궐, 거란, 여진과는 달라서 우리의 영토를 다투고 우리의 성읍을 빼앗으려 우리에게 항거하는 것이 아닌데도 북방의 수령들은 대개 무신武臣으로서 그들 변민邊民을 침학侵虐하여 이러한 노환虜患(오랑캐의 환난)을 초래했으니, 무신 중 청렴하고 신중한 사람을 변장邊將으로 임명하고 문관의 무재가 있는 사람을 섞어서 임명하여 그들 오랑캐를 잘 무마한다면 변경이 평온해질 것입니다.

## 2. 싸우느냐 지키느냐를 결정하는 일

병법에 "먼저 적이 우리를 이길 수 없는 완벽한 방비를 한 후에 우리가 적을 이길 수 있는 기회를 기다린다"고 했으며 (……) 옛날 사람의 말에 "오랑캐는 짐승처럼 모였다가 새처럼 흩어지기 때문에 이들을 공격하는 것은 마치 그림자를 치는 것 같다"고 했는데, 지금 나라 안에 있는 병졸들을 모집하여 수천 리나 되는 먼 길을 지나서 수초水草 따라 정처 없이 행동하는 오랑캐를 공격하려고 하지만 병졸이 채 강을 건너기도 전에 소문만 사방에 퍼져서 오랑캐들은 산골짜기에 숨어서 아득히 발자취도 없을 것이니, 우리 군사는 나아가도 얻는 것이 없고 물러서도 의거할 것이 없습니다. (……) 왕자王者의 군대는 만전을 도모하여 출동해야 하는데 어찌 위험을 무릅쓰고 요행을 바라면서 기필期必(꼭 이루어지기를 기약함)할 수 없는 성공을 바랄 수 있겠습니까. 이것이 바로 신이 말하는 위태한 방법이라는 것입니다. 그러므로 당면의 계책으로서는 먼저 우리를 지키는 계책을 세우고 군대의 기율을 거듭 밝혀 오랑캐에게 우리를 침범할 수 없도록 한 후에, 시세를 살펴보고 변통을 마련하여 나라의 위력을 떨치고 이길 형세를 보고는 진격하고 어려운 형편을 알고는 멈추어 군대가 유리한 쪽에서 행동한다면, 신축伸縮(조종操縱)함이 우리 편에 있게 되어 향하여 가는 곳마다 뜻대로 안 되는 일이 없을 것입니다. (……) 대체로 싸움에는 군사의 다과多寡(많고 적음)와 용겁勇怯은 관계가 없고 다만 장수가 군사를 쓰기에 달려 있을 뿐입니다. 진실로 장수가 군사를 잘 사용한다면 군사 6천 명을 거느린 사석謝石*이 부견의 백만 군졸을 무찌른 것과 같을 수 있으니, 하물며 개나 쥐 같은 도적이 어찌 임금의 마음을 괴롭힐 수가 있겠습니까. 이것이 신의 이른바 먼저 우리를 지켜야

---

* 중국 동진의 명장으로 비수淝水 싸움에서 소수의 병력으로 진왕秦王 부견의 백만 대군을 격파했다.

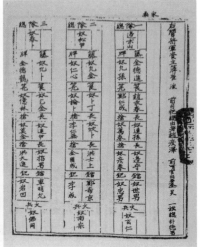

「관병편오책」. 유성룡이 작성한 것으로 조선의 진관, 관병의 구성과 편재 등이 기록되어 있다.

한다는 것입니다. (……) 지금 오랑캐가 여러 번 변경을 침범하는데도 우리가 그들에게 그 범죄를 토벌하지 않는다면, 그들이 무엇을 징계하여 스스로 물러가겠습니까. (……) 신의 생각으로는 오랑캐들이 동심하여 다 배반한 것은 아닐 테고, 그들 중에는 성심으로 우리에게 귀순하는 사람도 있고, 양쪽에 복속하는 사람도 있고, 피차의 승부를 바라보고 귀순하거나 배반하거나 하는 사람도 있고, 겉으로는 귀순한 것처럼 하면서도 물러가서는 실제 도적이 된 사람도 있으니 (……) 귀순하지 않고 침도侵盜하는 놈은 날랜 병졸을 보내 전격적으로 토벌하여 목을 베어 제부諸部(여진족의 여러 부락)에 보이고 귀순한 사람은 무마하고 후대한다면, 우리를 배반한 놈은 두려워할 것이고 우리에게 복종한 사람은 권려勸勵될 것이니 군대를 괴롭혀가면서 먼 곳에 가서 토벌할 필요도 없이 위령을 떨칠 수 있을 텐데, 이런 것은 장수가 시기에 당하여 잘 처리하는 데에 달려 있을 뿐입니다. (······) 일찍이 듣건대 "적의 수비가 부족한 것을 공격하는 것은 우리의 수비가 여유 있을 때 하는 것이며, 싸움을 잘하는 사람은 적이 나에게 오도록 하고 내가 적에게 끌려가지 않는다"라고 했으니, 옛날부터 지키거나 싸울 계획을 결정하지 않고서 오랫동안 시일만 보내다가 성공한 사람은 있지 않았습니다.

## 3. 오랑캐의 실정을 살피는 일

대체로 분란紛亂을 해결하고 분쟁을 그치게 하는 방법은 먼저 그들의 실정을 알고 그 기회에 알맞게 처리하는 데에 있을 뿐입니다. 지금 오랑캐가 원망하는 발단을 조정에서는 다 알지 못하고 왕래한 호인胡人들의 역순逆順에 관한 진위 또한 환하게 알지 못하여 대처하는 계책이 정당하지 못한 것이 많았습니다. 더구나 용병할 즈음에는 적인敵人의 실정을 세밀히 살펴서 동기에 따라 대처해야 하며, 그들이 반드시 공격해 올 곳을 공격한다면 뜻을 이룰 수 있을 것입니다. (······) 신은 원하옵건대 북도의 장수와 왕래하는 사신使臣들에게 오랑캐의 실정을 세밀히 살피게 하여 비록 오랑캐의 일이 아니더라도 민생의 이해나 군기軍機(군사상의 기밀)의 득실에 관계된 것은 들은 대로 전부 조정에 보고하게 하고 사로잡힌 오랑캐 또한 가두어 서울로 보내어 그 정상을 추궁한 후에 처치處置한다면, 변경의 사정이 밝아져 거사에 잘못된 계책이 없을 것입니다.

## 4. 군량을 공급하는 일

(……) 현재까지 북도에 운송된 양곡의 수량은 이미 10여만 섬이 넘고 면포綿布가 5만여 필이나 되니 이것은 곧 1만여 명이 수년 동안 먹을 양식입니다. 변방에서 놀고먹는 병졸은 대략 3~4천에 불과하니 만약 조달 수송하는 것이 법도가 있고 회계를 세밀히 밝혀 중간에서 남용되는 일만 없다면 4~5년은 능히 지탱할 수 있을 것인데 어찌 이같이 위태로운 지경까지 이르겠습니까. 백성의 고혈膏血을 다 짜내고 동남 지방의 재력을 다 긁어내어 조금씩 운반하느라 갖은 고생을 다 겪었는데도 도리어 이것을 탐관오리에게 맡겨서 진흙 모래처럼 써버리는데, 담당하는 관원은 곡식이 있고 없음을 가려내지 못하고 조정에서는 군사들의 떠남과 머무름을 추힐推詰하지도 못하기 때문에 마치 모래를 모아서 바다에 던지듯 어디에 들어간 곳을 알지도 못하니, 군국軍國의 중요한 일이 어찌 어린애 장난처럼 된 것이 아니겠습니까. 신의 생각으로는 먼저 그동안 유입된 양곡糧穀의 원수元數를 합계하고, 한편으로는 안변安邊에서 각 고을에 분송된 수량을 계산하며, 또 수년 동안 병졸을 징발하여 변방에 보낸 명부를 살펴 그동안 그들에게 먹인 양곡의 수량을 제除한 뒤에 현재 남아 있는 양곡의 수량과 서로 비교 대조하여 그 모자란 것을 추궁한다면, 중간에서 남용했거나 도적질한 수량을 숨길 수가 없게 되어 실제의 수량을 알아낼 수 있을 것입니다. 이와 같이 실제의 수량을 알아내어 우선 몇 달을 지탱할 수 있는지 파악한 후에 내지의 운송하는 계획을 미리 조치하여 차례대로 거행한다면, 일이 조리가 있어 사람들이 그다지 고생하지

는 않을 것입니다. (……) 또한 풍년이 들면 중앙과 지방의 속포贖布*
와 병조의 궐군가포闕軍價布와 남방의 염세포鹽稅布와 노비신공奴婢身
貢** 등을 받아들인다면 해마다 수만여 필이 될 것이니, 오랑캐와 우
리 백성은 물론이고 대략 상평常平***의 규정에 따라 시가대로 팔아
곡식을 사들인다면 수년 후에는 변방에 곡식이 반드시 쌓여 내지에
서 곡식을 운반하는 수고도 없앨 수 있을 것입니다. (……) 신이 나라
의 정세를 살펴보건대, 수년 동안 허둥지둥 서둘면서 날마다 북쪽 오
랑캐의 일로 근심해왔는데도 군량 한 가지 일에 대해서는 망연茫然(정
신 없이 허둥지둥함)히 두서를 알지 못하여 노력과 비용이 그치지 않아
서 사방이 동요하고 있으니 한심한 일이 어찌 이보다 더한 것이 있겠
습니까.

## 5. 흉년에 백성을 구제하는 정치를 하는 일

(……) 신이 듣건대 지금 북도 길주 이북 지방에서는 백성이 굶주려
제 몰골이 아니며 길바닥에 굶어죽은 송장이 깔려 있다고 하니 매우
참혹하고 슬퍼할 일입니다. 조정에서 이 소식을 듣고서 비로소 의논
하여 천리나 되는 먼 곳에서 양곡을 운반하여 이들을 구제하려고 하
지만, 이른바 "먼 곳의 물을 가져다 눈앞의 불을 끌 수가 없다"는 것

---

* 조선시대 경저리京邸吏나 영저리營邸吏가 백성이 공납 의무를 하지 않거나 고역에 못 이겨 도망할 때
이들을 대신하여 포布를 상납하던 것.
** 외거노비가 신역身役을 복무하지 않는 대가로 바치는 포.
*** 미곡米穀, 금포錦布 등 생활필수품을 물가가 내릴 때 다소 싼 값에 사들였다가 물가가 오르면 시가
보다 다소 싼 값으로 팔아 물가를 조절하는 제도.(『한서漢書』「식화지食貨志」)

이므로 어찌 위급에 미칠 수가 있겠습니까. 신의 생각으로는 민호民戶의 빈부를 자세히 조사하여 이를 등급을 정하고, 현재 북도에 남아 있는 곡식으로 굶주림이 극심한 백성을 먼저 구제하고, 그것이 모자라다면 이미 운반된 군량으로 지급하고 뒤에 운반될 곡식으로 그 채워야 할 것을 보충한다면 시기를 놓쳐서 실효를 잃는 폐단은 없을 것입니다. (……) 둔전屯田에 대한 의논은 전에도 의견을 아뢴 사람이 많았으나 끝내 성공하지 못했는데 (……) 다만 남도에서 북도에 들어와 사는 백성의 수효가 매우 많으니 그 육진六鎭의 묵어 있는 전지田地의 많고 적음을 조사하여 이에 따라 이들 백성을 나누어 거처하게 하고, 관가에서 농우農牛와 농기구를 보조해주어 그들에게 협력 경작하도록 하되, 대략 옛날 둔전 제도와 같이 하여 그 소출을 먹게 하고 관리된 사람은 별도로 이들을 구휼하여 이들에게 일을 시작하여 농작에 힘쓰게 한다면 수년 동안에 자력으로 일을 해낼 수가 있을 것입니다. (……) 신이 올린 말들은 모두 이미 시험해본 일이지만 사세에 비추어 계책을 찾는다면 이 밖에 달리 방법이 없습니다. 다만 그 요령은 적임자를 얻는 일에 있을 뿐이니, 조정에서 인재를 임용하는 한 가지 일에 마땅히 상심詳審해야 할 것입니다.

오늘날 정세는 적절한 인재를 임용하여 오랑캐의 실정을 자세히 살펴서 신중히 대처하고, 우리 백성과 오랑캐를 어루만져 모이게 하여 그들에게 은혜와 위엄을 베풀고, 변방의 방비를 튼튼히 하고 군량을 넉넉히 준비한 후에 유리한 형세를 보아서 공격하는 것이 상책이고, 오랑캐의 역순逆順하는 형세를 알고는 가을과 겨울에는 군대를 사열하고 병졸을 훈련시켜 남도의 군사를 멀리서 징발할 필요 없이 다만 토병土兵 수천 명을 사용하도록 하고, 그 죄악이 우심尤甚한 오랑캐를 골라서 나라의 위력을 대강 보이고는 곧 강을 건너 진으로 되돌아오 도록 하며, 다른 오랑캐로서 우리에게 귀부하는 자는 무마 후대하여 동요하지 못하게 하는 것이 중책이고, 우물쭈물 시일만 보내고 소란 하고 분분하는 중에 병졸은 피로에 지치고 백성은 인궁困窮하게 되며 창고의 곡식은 바닥이 나고 있는데 쓸모없이 군졸만 많이 거느리고 간다면 소문은 비록 크게 나더라도 실제는 쓸모가 없을 것입니다. 아 무런 준비도 없이 피로한 병졸을 이끌고 멀리 오랑캐의 땅에 들어간 다면 승패도 알 수가 없고, 군사가 돌아온 후에 오랑캐의 여러 부족 이 서로 선동하여 반란을 일으킨다면 이를 진정시키지 못하여 전쟁 이 잇달아 계속되어 그칠 날이 없을 것이니 이것은 하책입니다.[31]

유성룡의 「비변오책」과 이이의 「시무육조」는 모두 계미년(선조 16 년, 1583) 2월에 북방 오랑캐가 침입하자 선조가 문·무 당상관에게 변경방비의 대책을 개진하라고 한 교지에 응하여 올린 것이다.[32] 이 이의 「시무육조」는 앞에서 살핀 대로 '현능을 임용할 것, 군민을 양 성할 것, 재용을 충족시킬 것, 번병을 굳건히 할 것, 전마를 준비할 것, 교화를 밝힐 것' 등이고, 유성룡의 「비변오책」은 '화의 근원을 막 는 일, 싸우느냐 지키느냐를 결정하는 일, 오랑캐의 실정을 살피는 일, 군량을 공급하는 일, 흉년에 백성을 구제하는 정치를 하는 일' 등 다섯 가지 계책으로 변경방비에 관하여 더 구체적으로 진술하고 있 다. 그 근본 대책에서 이이는 「시무육조」의 첫머리에 이렇게 말했다.

우리 조정은 태평세월이 오래 계속되어 문관과 무관이 직무를 게을리 함이 날로 심하고 중앙과 지방의 방비가 없고 군사와 군량이 모두 핍절乏絶했기 때문에, 조그만 오랑캐가 변경을 침범했는데도 온 나라가 놀라 동요하게 되니, 혹시 큰 도적이 침범한다면 비록 지자智者일지라도 계책을 세울 수가 없을 것입니다. (……) 하물며 지금 경원慶源을 침범한 적은 1, 2년 동안에 평정될 것은 아니니, 만약 한 번 군대의 위력을 떨쳐서 그 주거지를 쓸어 없애지 않는다면 육진은 끝내 편안할 시기가 없을 것입니다.[33]

유성룡은 그 근본대책에 대하여 「비변오책」 말미에 이렇게 말했다.

오늘날 정세는 적절한 인재를 임용하여 오랑캐의 실정을 자세히 살펴서 신중히 대처하고, 우리 백성과 오랑캐를 어루만져 모이게 하여 그들에게 은혜와 위엄을 베풀고, 변방의 방비를 튼튼히 하고 군량을 넉넉히 준비한 후에 유리한 형세를 보아서 공격하는 것이 상책이고, (……) 아무런 준비도 없이 피로한 병졸을 이끌고 멀리 오랑캐의 땅에 들어간다면 승패도 알 수가 없고, 군사가 돌아온 후에 오랑캐의 여러 부족이 서로 선동하여 반란을 일으킨다면 이를 진정시키지 못하여 전쟁이 잇달아 계속되어 그칠 날이 없을 것이니 이것은 하책입니다.[34]

북방 오랑캐의 대비책에 관해 이이는 군병을 동원하여 일거 탕복蕩覆(소탕하여 엎어버림)해야 한다고 주장한 데 비해, 유성룡은 전수양면戰守兩面을 모두 감안하여 신중히 대처해야 한다고 주장했다. 이것이 이이와 유성룡의 변경방비에 대한 정책상의 대결이라고 할 수 있는데, 두 분의 대책 내용을 세밀히 검토해보면 정세 분석 측면에서 차이점이 있다. 『선조수정실록』5년 11월조에는 이런 구절이 있다.

이이는 스스로 학문이 깊지 못하여 벼슬할 수 없다고 생각하고 여러 차례 현요직顯要職을 사양하였는데 진술할 때면 반드시 당우삼대唐虞三代를 가지고 말하니, 주상이 이르기를 "이이는 본디 오활한 자다"라고 말했는데, 이이가 마침내 하향下鄕하였다.[35]

선조는 이이가 큰 대책만을 이야기한다는 불만을 토로하는 것이다. 동강東岡 김우옹金宇顒의 『경연일기』에는 이런 기록이 있다. 시우당時雨堂 홍혼洪渾(1541~1593년)이 탑전榻前에 나아가 계청할 때 집의 홍혼이 말하기를 "이이의 상소 중에는 그 말한 바가 실중失中(중심을 맞히지 못함)한 것이 많습니다"[36]라고 했다는 것이다. 같은 기록은 홍혼과 유성룡이 이이에 대해 "천자天資가 높고 문자 또한 많이 보았기 때문에 학문을 하지 않은 것은 아니지만, 다만 함양涵養(학식을 넓혀서 심성을 닦음)의 노력이 없기 때문에 발언과 처사가 신중하지 못하고 솔이率易(일을 가벼이 보고 쉽게 처리함)한 것이 많습니다"[37]라고 말했다고 적었다. 김우옹은 이이와 오랫동안 사귀어 서로 잘 알고 있었는데, 그도 『경연일기』에서 이런 말을 했다.

이이는 재기가 고매高邁하고 소견 또한 높지만 성품性稟이 경소輕疏(신중하지 못함)하기 때문에 책을 보고 뜻을 해석할 때에도 다만 대충 보고서 곧 이해했다고 여기고는 다시 마음을 진정하여 깊이 생각하는 일은 없으며, 성품性稟은 평이하고 솔직한 듯하지만 존심存心하는 공부가 전연 부족하여 함양涵養하고 성찰省察(자기의 언행을 반성함)하여 자기의 병통病痛을 바로잡는 공부가 없습니다. 그런데도 자처自處가 너무 높아서 비록 전현前賢일지라도 정자·주자·이하의 현인들은 모두 깔보는 마음이 있고, 한 시대의 인물들도 모두 자기 아래에 있는 사람으로 보고 있으며, 비록 남을 사랑하고 선비를 좋아하지만 또한 학문과 덕행을 서로 힘쓰고 경계하는 도움은 없습니다. 이런 처신으로 나와 세상에 쓰이게 되니 사물을 구별하고 계획을 세움에 있어 솔이한 결점이 많아 비록 큰 기관機關이 매인 일일지라도 다만 한때의 의견으로써 결정해버리니, 이것이 일을 그르침이 많았던 까닭입니다.[38]

김우옹은 맨 끝에서 이이가 주장한 경장 문제를 이렇게 논평했다.

이이는 자기의 총명과 재력才力만 믿고서 백사百事를 마음대로 처리하기를 좋아했으며 또한 제도를 경장하는 데도 과감했습니다. 다만 천하 국가의 폐단이 폐습을 그대로 따라 행하여 국세가 떨치지 못한 지경에 이르게 된 것만 알고서 제도를 경장하는 자체가 쉬운 일이 아니기 때문에 반드시 심사원려深思遠慮하여 그 처음부터 끝까지 이르는 과정을 헤아린 후에야 일을 시작할 수 있음을 알지 못하고 있습니다.[39]

김우옹의 논평은 이이의 결점에 대한 '정문일침頂門一鍼'이라 할 수 있다. 이이의 경장계책은 그 당시의 폐단을 적출하는 데는 비교

적 상세했지만 경장할 대안을 제시하는 데는 미진한 점이 없지 않았으며, 게다가 이이 자신이 그 재력만 믿고 조정의 중론을 수렴하지 않고 경장계책을 과감히 밀고 나가려 했기 때문에 그 당시 유능한 동료들의 동의 협력을 얻지 못한 것 또한 숨길 수 없는 사실이다.

예로부터 국가를 수호하는 데는 군비가 필요하지만, 군비의 증강과 감축은 그 당시 국세의 변화에 따라 결정되기 마련이다.

우리나라에서는 고려시대에는 북방의 강적인 거란, 여진, 몽골 등을 상대했기 때문에 군비를 증강하여 어떤 시기에는 상비 병력이 십수 만을 넘을 때도 있었지만, 조선시대에 와서는 사정이 고려시대와 달라졌기 때문에 이전과 같은 군비 증강은 필요하지 않았다. 곧 대외문제에서 중국의 명나라와는 주종관계로 정상적인 우호를 유지했고, 북방의 야인에게는 세종 때 육진을 개척한 이후 변경의 평온상태를 회복했다. 동쪽의 왜인과의 관계는 대마도를 정벌한 후 무역을 허가하여 전일의 침구侵寇행위를 근절시켰다. 게다가 우리나라는 유교의 문치를 숭상했기 때문에 무비武備는 그다지 중시하지 않았던 것이 사실이다.

『경국대전經國大典』. 조선시대에 통치의 기준이 된 최고의 법전으로, 고려 말부터 조선 성종 초년까지 100년간에 반포된 법령, 교지敎旨, 조례條例, 관례 등을 망라했다. 모두 6권 3책으로 구성된 활자본活字本이다. (국립중앙도서관 소장)

『경국대전經國大典』의 「병전兵典」에 의거하면 조선의 정규군은 오위五衛에 소속된 육군은 모두 2만 8천여 명이고, 각 도 진영鎭營에 소속된 수군은 모두 4만 8,800명으로 규정되어 있으며, 성종 8년(1477) 6월에 병조에서 올린 군적에 의거하면 정군正軍(육군과 수군)의 총수는 13만 4,973명이지만,[40] 이것은 군적에 등록된 군병의 총수일 뿐이고 국가의 상비 병력을 말한 것은 아니다. 그런 까닭으로 내란의 토평討平에 동원된 군병은 세조 13년(1467) 이시애李施愛의 난에 6도병 2만 여 명을 징발한 적이 있고, 외국에 출정한 군병은 세조가 건주위建州衛(여진족) 이만주李滿住를 토벌할 때 강순康純 등 제장諸將들에게 1만 명을 거느리고 출정케 한 일이 있고, 성종 10년(1479)의 건주위 정벌에는 어유소魚有沼에게 군사 1만 명을 거느리고 출정케 한 일이 있을 뿐이다.

그런데 태평이 오래 계속되어 군정을 수정修整하지 않아서 군비가 황폐상태에 이르렀으니, 중종 때 이언적의 군정개혁론과 선조 때 이이의 군정개혁론은 모두 이러한 군정해이軍政解弛에서 초래된 당면의 폐해를 지적한 유비무환적인 건의에 불과하다. 그러므로 이이의 군정개혁에 관한 주장은 주로 변장邊將의 침학을 제거하고 군적의 정비를 단행하여 군병의 보강과 정련精鍊 등을 역설했을 뿐이고, 새롭게 대대적인 군병양성을 계획한 이른바 '십만양병설'은 그 건의 중에 찾아볼 수 없다. 이러한 상비군의 대병력을 양성하는 일은 그만큼 국가재정의 부담을 증가시키게 될 것이므로 당시의 국력으로는 도저히 불가능했기 때문이다.

그래서 십만양병설의 타당성 여부에 대해 과거에도 많은 논란이 있었다. 이제 십만양병설 자체의 타당성 여부를 후인들의 논평으로 진단해보자.

「율곡행장」에서 이이의 십만양병설에 대해 쓴 김장생의 증손인 서포西浦 김만중金萬重(1637~1692년)은 『서포만필西浦漫筆』에서 이이가 주장한 이른바 '십만양병설'에 대해 이렇게 말했다.

이문성(율곡의 시호)이 '10만 양병'을 진청하니 유풍원군柳豊原君(유성룡)이 '불가不可'하다고 했는데도 임진년에 와서는 추사追思(지나간 일을 돌이켜 생각함)하고 있으니, 풍원군은 당시에 병졸이 쓸 만한 것도 없고 식량이 먹을 만한 것도 없음을 눈으로 지켜보았기 때문에 그가 추사한 것은 진실로 마땅한 일이지만, 그러나 그렇게 된 것으로써 계산하더라도 또한 어찌 다 그렇겠는가. (……) 문성공의 선견은 진실로 명지明智인 것이고, 계획도 진실로 좋은 계책이었으며, 문성공의 재간 또한 이 일을 처리하는 데는 넉넉했을 것이다. 그러나 일찍이 해를 넘기기 전에 문성공이 별세하고 말았으니 후일에 계승한 사람이 어찌 다 문성공과 같을 수가 있겠는가. 당나라의 전성 시기에 진병鎭兵이 40여 만 명이나 되니 민력民力이 탄갈殫竭되어 천보天寶(현종의 연호) 연간의 병란兵亂(안녹산의 난)을 초래하였고, 송나라 또한 금병禁兵을 많이 두어 자국自國이 피곤해졌으니, 우리처럼 작은 나라가 '10만 양병'을 하고서도 재화災禍가 백성에게 미치지 않는 일은 없을 것이다. 임진왜란에 나라가 망하지 않은 것은 유독 우리나라에 각삭刻削(가혹함)한 정치가 없었으므로 민심이 이씨 정권에 절망하지 않았기 때문이다. 문성공이 갑신년(1584)에 별세했으니 임진년(1592)과 떨어지기는 10년이 채 되지 않았는데, 우리나라가 10년 동안 병졸을 군적에 등록시켜 훈련과 검열을 하더라도 반드시 풍신수길豊臣秀吉의 철검과 화총을 대적할 수는 없을 것이며, 민심이 한 번 이산離散된 후에는 양호楊鎬와 이여송李如松 등 명나라 원군에게 무엇으로 군량을 공급했겠으며 호남과 영남의 의병들은 무엇으로 규합할 수 있었겠는가? 양병의 효과를 보기도 전에 이미 양병의 해를 받게 될 것은 필연의 사세事勢다.[41]

김만중의 이 논평은 임진란을 당한 후에 이이의 선견과 재간은 인정하면서도 다만 '10만 군병을 기르는' 문제에 관하여는 물중지대物衆地大한 당과 송나라도 많은 군병을 양성함으로써 후일의 화란을 초래한 실례를 들어 국력이 빈약한 우리나라로서는 '10만 양병' 자체가 국력에 걸맞지 않은 무계획적인 것임을 지적했다. 곧 이 계획은 양병의 효과를 보기도 전에 이미 양병의 해를 받을 것이 필연의 사세임을 강조하는 것으로 보아 이 논평이야말로 이이의 십만양병설의 허점을 찌른 정문일침적인 완곡한 논설이라고 할 수 있다.

다음 실학파의 대가 성호星湖 이익李瀷(1681~1763년)은 『성호사설星湖僿說』의 「예양병조預養兵條」에서 이이의 십만양병설에 대해 이렇게 말했다.

임진왜란 전에 율곡이 10만 군병을 마땅히 길러야 한다고 말하니 사람들이 '선견지명'이라고 일컬었다. 우리나라 풍속에 일 없이 노는 사람이 셀 수 없을 정도로 많으니 진실로 임기응변하여 이를 처리할 수만 있다면 병졸을 보첨補添하는 일은 어렵지 않지만, 다만 군병을 기르는 일이 쉽지 않을 뿐이다. 병졸에게 농토를 경작하게 하여 그중에서 선발하지 못한다면, 모름지기 식량이 있어야만 병졸을 기르게 될 것이다. 국민이 하루에 2승升의 식량이 없으면 굶주리게 되니 10만 명이면 하루 식량이 2만 두가 되므로, 나라의 규정에 15두를 1석으로 친다면 마땅히 하루에 1,330여 석을 소비하게 될 것이고, 만약 1개월을 견디게 된다면 4만 석을 소비하게 될 것이며, 기병騎兵이 이 중에 섞인다면 말 먹이의 꼴과 콩은 이 수량에 포함되어 있지 않다. 또 군대를 동원할 적에 소와 말 1필이 식량 20두를 운반하는 것을 표준으로 삼는다면 마땅히 소와 말 1천 필이 있어야만 1일의 식량을 운반할 수 있는데, 소와 말 1천 필이면 이를 모는 사람도 1천 명이 있어야 할 것이니 그들을 기르는 비용은 이 수량에 포함되어 있지 않다. 만약 10일

걸리는 노정을 행진한다면 군졸과 마필을 먹이는 미곡米穀과 추두蒭豆 (말먹이)는 또한 이루 계산할 수도 없을 것이고, 기계와 잡용물품은 또 이 수량에 포함되어 있지 않으니 그것을 감당할 수가 있겠는가. 만약 성을 지키려고 하더라도 국인들이 본디 축적된 식량이 없고 사람들 은 모두 부모와 처자가 있으므로 노유老幼가 모두 성에 들어간다면 며칠 안 가서 굶게 될 것이니, 과연 무엇으로 이를 구제할 것인가? 이 같은 광경을 본다면 다만 수만 년(장구한 세월) 동안에 난리가 없기를 원할 뿐이니, 난리가 난다면 반드시 패망할 것이다. 진실로 평상시에 군민軍民을 잘 애양한다면 비록 10만 명의 많은 병력이 아니더라도 외적의 침범을 방어할 수가 있을 텐데, 백성의 고혈을 뽑아내어 그들 이 언덕과 골짜기에 버려지고 사방에 흩어져간 것을 눈으로 직접 본 다면 몹시 슬퍼서 마음이 상할 것이니, 비록 10만 명의 군병을 얻게 되더라도 아마 또한 쓸 데가 없을 듯하다.[42]

이익은 이른바 '10만 양병'은 그만큼 국력의 소비가 막대하기 때 문에 실제 불가능했음을 지적하고, 평상시에 군민을 잘 애양愛養한 다면 10만 양병이 아니더라도 외모外侮를 막아낼 수 있지만 백성을 수탈하여 사방으로 이산離散된다면 10만 군병이 있더라도 쓸 데가 없다는 점을 말하며, 위정자는 민생을 안정시켜 민심을 얻는 것이 국가수호의 선결문제임을 강조한 것이다.

이이의 십만양병설에 대해 김만중과 이익은 이이가 당시의 국세國 勢를 잘 파악하고 있었더라면 10만 양병이라는 실정에 맞지 않는 계 획은 결단코 세우지 않았을 것임을 논술하고 있다. 필자가 앞서 고증하여 구명해본 결과에 의해도 이이는 당시 '양병' 문제에 대해 군적軍籍을 정비하여 군병을 보강하자는 건의에 그쳤을 뿐이며, 피폐한 민력의 배양에 주력한 사실만이 나타나 있다. 그러므로 이이의 십만양병설은 전쟁 전에 건의한 이이의 '양병' 문제를 확대 해석하여 이이의 행장에 10만 양병의 내용을 억지로 끌어들인 것이라고 볼 수 있다.

근래 "임진란 당시 관군과 의병의 총수가 11만여 명이 된다"는 『선조실록』의 기사를 인증하면서 이이의 '십만양병설'을 실행 가능한 건의라고 주장하는 글도 있었지만 이는 실록의 기사 내용을 제대로 이해하지 못한 소치에 불과하다. 이 기사에 나타난 군병의 총수는 임진란이 발생한 후 왜적을 격퇴하기 위해 나라에서 모병령募兵令을 내려 거기에 응모 집합된 관병과 의병의 총수를 말한 것이므로 평상시에 양병할 군병 수와는 비교할 수가 없다. 평상시에 대병력인 '10만 군병'을 기르는 일은 그만큼 국력의 소비를 초래하기 때문에 국가가 도저히 지탱할 수 없다는 것은 위의 김만중과 이익의 논평에서 입증되었다.

지금까지 각종 기록을 세밀히 고증 검토해 율곡 이이의 '십만양병설'에 대한 서애 유성룡의 '양병불가론'을 살펴보았다. 이를 정리 요약하면 다음과 같다.

## 1 각종 기록의 모순점

이이가 주장했다는 '십만양병설'을 유성룡이 반대했다는 기사는『율곡전서』중의 허다한 상소와 시폐를 진술한 차자에서나『서애집』중의 시폐를 진술한 상소와 차자에서도 전혀 나타나지 않는다. 또한 동시대 제현諸賢들의 문집과 기타 기록에서도 이 기사는 찾아볼 수 없다. 다만 이 기사는 이이의 문인인 사계 김장생이 찬술한「율곡행장」, 월사 이정귀가 찬술한 「율곡시장」, 백사 이항복이 찬술한 「율곡신도비명」, 우암 송시열이 편찬한 「율곡연보」에 나타날 뿐이다. 그런데 「율곡시장」과 「율곡신도비명」은 「율곡행장」의 기사를 그대로 인용 전재한 것에 불과하고, 「율곡연보」의 기사는 우산 안방준이 찬술한 「임진기사」의 내용을 인용 보충한 것이다. 그 건의 시기에 관하여 「율곡행장」·「율곡시장」·「율곡신도비명」은 '일찍이 경연에서[嘗於經筵]'라고만 했을 뿐 그 시기를 분명히 말하지 않았는데도, 유독 「율곡연보」에서는 계미년(선조 16년, 1583) 4월조에 이 기사를 수록하고 군병의 배치와 교련절차까지 설명했다.

이상의 각종 기록은 모두 개인의 사찬기록인데, 국가의 공적 기록인 『선조수정실록』에서도 이 '10만 양병'의 기사를 「율곡연보초고」 등에 의거해 아무런 취사선택 없이 그대로 인용 전재하면서 임오년(선조 15년, 1582) 9월조 「경장봉사」의 말미에 삽입했다.

『선조수정실록』에서는 '십만양병설' 기사를 임오년(선조 15년) 9월조 「경장봉사」의 말미에 삽입하고, 송시열이 편찬한 「율곡연보」에서는 이 기사를 계미년(선조 16년) 4월조에 삽입했다. 『선조수정실록』은 "일찍이 경연에서 미리 10만 군병을 기르도록 청했다[嘗於經筵 請預養十萬兵]"라 하여 그 건의 시기를 분명히 말하지 않았지만 「율곡연보」는 그해 4월조에 "입대하여 미리 10만 군병을 기르도록 청했다[入對請預養十萬兵]"라고 하여 그 건의 시기를 분명히 적시했다. 『선조수정실록』의 기사와 「율곡연보」의 기사가 그 건의 시기조차 일치하지 않는 것은 이 사실 자체가 실제로 있었던 일이 아니라 후세 사람들이 억지로 끌어들인 것임을 나타내는 증거다.

김장생이 찬술한 「율곡행장」은 이이의 '십만양병설'은 10년 전에 임진왜란이 발생할 것을 미리 예견했다면서 그 증거로 "일찍이 경연에서 청하기를 10만의 군병을 미리 길러 완급에 대비해야 할 것입니다. 그렇지 않으면 10년이 지나지 않아서 장차 토붕와해土崩瓦解의 화禍가 있을 것입니다"라고 말했지만 '10년이 지나지 않아서'라는 뜻의 '불출십년不出十年'은 반드시 10년을 단언한 것이 아니라 '불원장래不遠將來'나 '불원간不遠間'을 지칭한 말이다. 회제 이언적도 「일강십목소」에서 "10년이 지나지 않아서[不出十年]"라고 말했고, 학봉 김성일도 진언進言에서 "10년이 지나지 않아서[不出十年]"라고 말했듯이 '10년이 지나지 않아서'는 멀지 않은 장래를 뜻하는 말이지 정확히 10년을 지칭하는 말은 아니다. 율곡 이이도 「만언봉사」에서 "오늘날의 일도 실로 이와 같으니 불원장래(불출십년)에 화란이 반드시 일어날 것입니다[今日之事 實同於此 不出十年 禍亂必興]"라고 말했다. 이언적의 상소는 중종 34년(1539), 김성일의 진언은 선조 6년(1573), 이이의 「만언봉사」는 선조 7년(1574)에 있었다. 이들 상소와 진언은 모두 임진왜란과는 시기가 53년, 19년, 18년이 차이가 난다. 이런 말들은 불원장래(불출십년)에 위망이 닥쳐올 것이라는 일종의 사전 경고이지 임진란을 예견해 경고한 말은 아니다.

　　김장생이 「율곡행장」에서 '10만 양병'을 말한 것은 훗날 왜적의 대군을 대적하기 위해 군병 10만이 필요하다는 데 착안한 것이고, 그 시기를 '10년'이라고 말한 것도 훗날 발생한 임진란에 맞춰 만든 것이다. 「율곡행장」의 기사는 이이의 난전亂前 건의를 난중 정세에 결부하려는 행장 찬술자의 부회적인 논지에 불과하다.

이이와 유성룡은 모두 선조 시대의 중신으로 이이는 임란 전에, 유성룡은 임란 후에 국사를 위해 진췌盡瘁한 분인데, 두 분이 정책상에서 서로 대결했다는 기사는 관계 기록을 두루 살펴보아도 나타나지 않는다. 다만 『선조수정실록』 임오년(선조 15년) 9월조 이이의 「경장봉사」에서 이이가 제도의 경장 문제를 말했으나 유성룡이 반대하는데, 이는 '경장'에 국한된 것이고 '양병 문제'는 언급되지도 않았다. 그런데도 경장계책에 반대한 것을 굳이 10만 양병에 반대한 것처럼 사실을 부회한 것은 이이의 서자 이경림이 찬술한 「율곡연보초고」의 기사를 『선조수정실록』의 편찬자가 아무런 취사선택도 없이 그대로 인용 전재했기 때문이다. 이경림은 동서 분당 후에 서인들이 동인인 유성룡이 임진왜란 중에 세운 위공을 시기하여 헐뜯던 말을 그대로 듣고서 그 선고先考 이이도 유성룡의 인격에 대해 이 같은 폄론을 가했다고 억단 추록했다. 또 김장생도 선조 22년(1589)에 발생한 '기축옥사己丑獄事'에 동인의 명사名士 이발李潑·이길李洁 형제와 그의 노모와 어린 아들이 다른 위관에게 참살당한 사실을 유성룡이 위관이 되어 처리한 것처럼 왜곡해 유성룡의 인격에 대해 무필誣筆로 폄론을 가하기도 했다.[43]

임진왜란을 전후한 정국에서 유성룡은 서인들의 공격 대상이 되었는데 이러한 정세를 허균은 『성소부부고惺所覆瓿藁』에서 이렇게 말했다.

유성룡이 나라가 소란한 날을 당하여 그가 정신과 지모를 남김없이 다했는데도 혹은 성취되고 혹은 성취되지 않은 것은 시세가 유리함과 유리하지 못한 점이 있었기 때문이다. 그가 이순신을 등용한 한 가지 일은 곧 국가 중여中與의 큰 기틀인데도 성룡을 공격하는 사람들은 순신까지 죄를 과科하게 했으니, 그들이 나라를 해친 것은 또한 번다繁多함을 감당할 수 없었다.[44]

서인들이 동인인 유성룡을 시기했음을 추측할 수 있다. 이런 분위기에서 임진왜란 후 이이가 '십만양병설'을 건의했는데 유성룡이 반대했다는 내용을 만들어낸 것이다. 선조 16년(1583)에 북호北胡가 침범해 사변이 발생했을 때의 「북로방비책北虜防備策」을 보면 이이는 군병을 대거 동원해 일거에 소탕해야 한다고 주장한 데 비해, 유성룡은 이 사변의 동기를 세밀히 분석하고는 전수 양면에 신중히 대처해야 한다고 주장했다. 또 유성룡은 싸움은 군병의 다과용겁多寡勇怯보다도 다만 군사를 쓸 줄 아는 장수의 책임에 달려 있다고 강조했다. 유성룡의 이런 소신은 임진왜란이 발생하기 1년 전에 형조정랑 권율을 의주목사로, 정읍현감 이순신을 전라좌수사로 등용해 왜적의 침범에 대비하도록 한 것으로 나타났다.

설사 이이의 양병 건의에 따라 임진왜란 전에 군병을 보첨補添했다 하더라도 적임자를 얻지 못하면 임진왜란 중에 신립이 충주 탄금대에서 배수진을 쳤다가 일패도지一敗塗地하고 원균이 왜적에게 유인되어 거제 칠천량에서 전군을 패몰시켜 패전했듯이 별무소용이다. 반면 유능한 장수를 얻게 된다면 퇴세에서도 승리를 이끌 수 있으니, 권율이 행주산성에서 노약한 민병을 이끌고 왜적의 대군에게 승전하고 이순신이 노량해협에서 전선 12척으로 왜적의 대선단을 격침해 대전과를 거둔 것이 그 실례다.

조선의 정국은 선조 8년(1575)에 동서가 분당된 후 서인들이 동인인 유성룡의 위공을 시기하던 분위기에서 이이의 이른바 '십만양병설'을 유성룡이 반대했기 때문에 임진왜란을 초래하여 국사가 낭패狼狽되었다는 부회적인 기사로 유성룡의 정치 역량을 폄하했다. 그런데 지금까지도 국사학계의 일부 인사들은 이런 내용을 엄밀한 사료검증 없이 사실로 받아들이고 이를 과장 부회하여 일반 국민들의 역사인식을 오도하고 있다. 이런 작폐는 우리 학계에서 엄중히 경계하고 단호히 배제되어야 한다.

# 3부

# 이순신과 원균,
# 누가 진정한 구국의 명장인가

유성룡과 이순신은 전쟁 대처방안도 비슷했으며, 우리 정부가 끝까지 우리 땅에 버티고 있어야만 왜적을 격퇴하고 국토를 수복할 수 있다는, 국가대계를 확립하여 제반작전을 수행했다. 그러나 원균이 이순신과 공을 다투고 시기하며 유성룡을 견제 방해하는 몇몇 조신들이 원균을 편들고 이순신을 배제하여 결국 무함 하옥하게 했다. 그러나 원균은 자업자득으로 왜적에게 유인되어 패사敗死하고, 이순신이 재기 분전奮戰하여 국가를 멸망의 위기에서 다시 회복시켰다.

왕개미가 큰 나무를 흔들어대니

제 능력 모르고 덤비는 것이 우습기만 하다.

蚍蜉撼大樹 可笑不自量

이 시구는 당나라 문호 한유韓愈의 「조장적시調張籍詩」의 일부인
데, 용렬하고 우매한 사람이 자기보다 월등하게 나은 사람을 비난하
고 비평하는 행위를 지적한 것이다.

오늘날 우리 사회의 통폐通弊는 어느 계층을 막론하고 자기가 유
명해지려면 어떤 집회의 토론장에서 먼저 상대의 실수를 꼬집어내
어 집중 공격함으로써 그 사람의 인격에 흠집을 내어 깎아내리려는
것이다. 이런 목적을 관철시키기 위한 발언은 반드시 과격하고 충격
적이어야만 한다. 상대의 논리적인 정당한 의론은 자연히 기세가 꺾

이고 설 자리를 잃게 된다.

이러한 사회 환경의 통폐에 오염된 탓인지, 근년에 우리 사회 한 귀퉁이의 어떤 인사들은 지나간 우리 역사상 동시대의 인물을 비교 논평하면서 관련된 사료를 세밀히 분석 검토하지도 않고 다만 자기의 의도와 목적에 필요한 부분만 편취偏取 곡해하여 과거에 이미 확정되어 명백한 사실事實을 마음대로 거꾸로 뒤집는 작태를 연출하고 있다. 이런 행위는 위에 인용한 시구에서 지적한 '왕개미가 큰 나무를 흔드는 가소로운 현상'이라기보다는, 우리 현대인들이 본받아야 할 위인의 숭고한 인격을 모독 매장하고 국민의 역사의식을 현혹 혼란시킨다는 점에서 탄식 우려할 만한 현상이다.

여기에서 말한 우리 사회의 어떤 인사들이란 『인물한국사人物韓國史』·『인물한국사 5』[1]를 쓴 이모 씨와 『원균 그리고 원균』[2]이라는 소설을 쓴 고모 씨를 지칭한다. 이들 두 사람이 쓴 책을 세밀히 검토 분석해보면, 임진 국난을 극복한 동시대의 무장인 이순신과 원균의 전공과 행적을 대비해 서술하면서 고모 씨는 '이순신은 비겁한 장수이고, 원균은 용감한 장수'라는 것을 책의 주제로 삼았고, 이모 씨도 '경상·전라 연합함대의 주장主將은 원균이며 이순신은 일부 작전에서 원균의 지휘를 받아야만 했고 또 이순신은 보신책保身策에만 능한 장수'라고 표방했다. 그리고 두 인물에 관련된 모든 사료를 자의적으로 해석하여 전도顚倒시키고 있다.

고모 씨는 책의 표제에 "이순신은 원균의 공을 가로채고 그 아들까지도 모함했다"라고 써 이순신을 부도덕한 인간으로 외곡했으며, 이모 씨는 이순신을 유인하려 한 소서행장小西行長의 막하幕下 간첩

요시라要時羅의 유인책을 이순신이 모략으로 생각한 데 대해 "이것은 오늘날 모략이 아닌 사실로 증명되고 있다"라고 일본의 편을 들면서 이순신을 왕명에 대한 '항명抗命 죄인'으로 꾸며 만들고 있다. 또한 정유재란의 발단을 말하는 대목에서 "이순신이 1척의 배를 타고 바다를 건너오는 적장 가등청정加藤淸正을 나가서 잡지 않은 큰 실수를 범했기 때문에 정유재란을 초래하게 되었다"라고 서술함으로써 당시 서인과 북인들이 이순신을 무함誣陷 하옥시킨 사실을 오늘날에 와서 다시 뒷받침하려는 의도를 암암리에 노출하고 있다.

이들의 글을 살펴보면 원균을 용감한 장수로 그리는 반면 이순신은 비겁한 장수이거나 보신책에 능한 장수로 폄자貶刺하여 우리 국민 대다수가 숭앙하는 역사상 위대한 인물을 완전히 매몰말소埋沒抹消시키려는 의도가 담겨 있다.

필자는 과연 어느 견해가 맞는지 당시 사료를 엄밀히 고증하여 이 문제에 대한 객관적 판단을 구하고자 한다.

# 2 이모와 구모의 편견과 왜곡

## 1 사실의 억단臆斷 왜곡

이순신과 원균 두 장수가 임진왜란 때 활동한 전공과 행적을 구명하려면 먼저 임진왜란과 관련된 역사기록을 살펴보아야 한다. 기본 기록 중에 정부기록으로는 『선조실록』과 『선조수정실록』이 있고, 민간기록으로는 당시 전란 처리의 최고책임자인 영의정 유성룡이 저술한 『징비록懲毖錄』과 의병장 조경남이 저술한 『난중잡록亂中雜錄』이 있다. 이 밖에 이순신의 저술을 모은 『이충무공전서李忠武公全書』 등이 있다.

이중 정부의 관찬기록인 『선조실록』은 광해군 시대 북인정권하 북인 기자헌, 이이첨 등이 주재하여 편찬한 것이다. 임진왜란 이전의 기사는 사료가 모두 병화에 타버렸기 때문에 내용이 매우 간략하고,

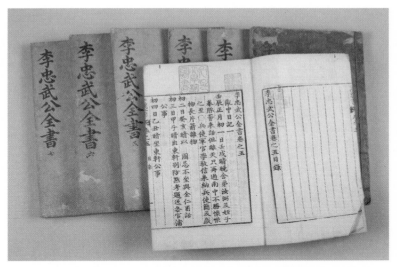

『난중일기』. 임진왜란 때 충무공 이순신이 진중陣中에서 쓴 일기로, 임진왜란이 일어난 1592년부터 끝난 1598년까지의 일을 간결하고 명료하게 기록했다. 유비무환의 진중생활, 인간 이순신의 적나라한 모습과 생각, 부하를 사랑하고 백성을 아끼는 마음, 부하에 대한 사심 없는 상벌의 원칙, 국정에 대한 솔직한 간언, 군사행동에서의 비밀 엄수, 전투상황의 정확한 기록, 가족·친지·부하장졸·내외 요인들의 내왕 관계, 정치·군사에 관한 서신교환 등이 수록되어 있으며, 국보 제76호다.

임진왜란 이후의 기사는 사료의 분량은 많으나 체재體裁가 조잡하고 정리되지 않았다. 또한 당파관계로 반대당에게는 무필誣筆을 가한 것이 적지 않다. 인조반정 이후 북인들의 시각에서 서술한 『선조실록』을 수정해 『선조수정실록』을 편찬하게 되는데, 여러 이유로 수정 작업이 중단되다가 효종 8년(1657)에 이르러 완성했다. 하지만 이 기록 역시 기사의 분량이 적고 체재도 완비되지 못한 실록으로 평가받고 있다.

유성룡이 저술한 『징비록』은 저자 자신이 전시 국정의 중책을 맡아 전란을 몸소 처리한 기록으로서 사료적 가치를 높이 평가받고 있으며, 조경남이 저술한 『난중잡록』은 저자 자신이 의병장으로 직접

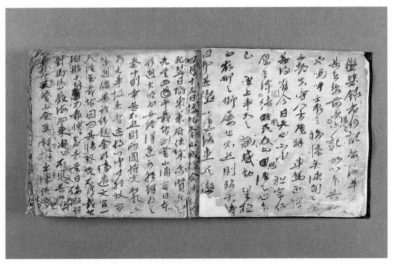

『징비록』. 임진왜란 때 도체찰사 겸 영의정인 서애 유성룡이 전란 중에 겪은 성패의 자취를 곰곰이 반성하고 고찰하여 뒷날의 일을 대비할 수 있도록 지은 책이다. 임진왜란 이전 국내외 정세에서부터 임진왜란의 실상, 전쟁 후의 상황까지 체계적이고 종합적으로 씌어 있으며, 국보 제132호다.

전쟁에 참가 목도한 기록이라는 점에서 가치가 있다. 그런데 이모 씨가 쓴 『인물한국사』의 「이순신과 원균」에서는 『선조실록』 중 당파적 견지에서 서술한 일부 편파적 기록을 자의적으로 취사선택해 논지를 전개하고 있으며, 고모 씨의 소설은 이모 씨가 쓴 책의 논지를 골간으로 삼고 한걸음 더 나아가 '이순신은 원균의 공을 가로채고 그 아들까지도 무함했다'는 식으로 이순신의 인격을 공격하는 데 온 힘을 쏟고 있다.

단적으로 말하면 이 두 사람의 저작물은 이순신과 원균 두 인물을 논평하면서 그들이 한 일이 국가 사회에 무엇을 남겼느냐에 중점을 두지 않고 다만 그들이 서로 논공 쟁투하는 실정만을 찾아 거론한다. 따라서 원균은 전진戰陣에서 직진돌격直進突擊하는 용장임에 반하여 이순신은 준순퇴피逡巡退避(뒷걸음질쳐 달아남)하는 겁장怯將으로 묘사했다. 이 두 책은 원균의 과오에 대해서는 하나도 지적하지 않고, 다만 이순신의 작은 실수에 대해서만 부각하고 있다. 이런 내용들은 이 두 책이 어떤 의도와 목적으로 만들어졌는지 의심하게 만든다. 과연 이런 기술들이 옳은지 철저하게 따져보아야 한다.

## 1 이순신과 원균의 출세

**이모 씨의 「이순신과 원균」에 관한 기록**

원균(1540~1597년)은 무과에 합격한 뒤 북쪽 오랑캐를 토벌하는 데에 공을 세워 부사府使라는 높은 관직을 일찍이 얻었다. 그리하여 그는 무관으로서는 빠른 출세 길을 걸으면서 승진하다가 1592년 임진왜란 이 일어나기 3개월 전에는 경상우수사가 되어 동래에 부임하였다.

이순신(1545~1598년)은 무과에 합격한 뒤 그도 북쪽 지방에서 오랑캐 를 막는 일에 종사하였다. 그러나 별로 공을 세우지 못해 미관말직에 머물러 있다가 40대 중반의 나이에야 겨우 정읍현감이 되었다. 이때 중앙의 고관 유성룡에게 발탁되어 임진왜란이 일어나기 1년 2개월 전에는 전라좌수사라는 높은 직위를 갑작스레 받았다.

두 사람의 출세 길을 비교할 적에 초년에는 원균이 앞서다가 수사水使가 될 즈음에는 이순신이 원균을 앞지르고 있었다. 그리하여 원균과 이순신은 남쪽 바다의 네 수사 중 가장 가까운 지역에 서로 자리 잡게 되었다.[3]

여기서 문제되는 점은 원균과 이순신이 무과에 합격한 후 다 같이 북쪽 오랑캐를 토벌하는 일에 복무했으나 원균은 공을 세워 부사라는 높은 관직을 얻은 반면에 이순신은 별로 공을 세우지 못해 미관말직에 머물러 있었다는 것이다.

이모 씨는 이순신이 별로 공을 세우지 못해 미관말직에 머물러 있었다고 적었다. 이 무렵 이순신이 크게 승진하지 못한 것은 사실이다. 그 경위에 대해 『선조실록』은 이렇게 기록했다.

북병사(이일李鎰)가 급하게 상주上奏하는 글에 "오랑캐가 녹둔도鹿屯島의 성채城砦를 포위했을 때 경흥부사 이경록李慶祿과 조산만호造山萬戶 이순신이 군기를 그르쳐서 살해당한 전사戰士가 10명에 사로잡혀간 전사가 106명이고 마필 15필을 빼앗겨 국가에 치욕恥辱을 끼쳤으니 이경록 등을 수금囚禁하소서" 하였다.[4] (……)

비변사공사備邊司公事에서 이경록, 이순신을 잡아올 일을 입계入啓하니 전지傳旨하기를 "이 일은 패전한 것과는 사세事勢가 다르니 병사로 하여금 곤장을 집행한 후 백의종군시켜 나라를 위해 힘쓰게 하라" 하였다.[5]

이순신 초상화

『선조실록』은 이순신이 녹둔도 전투에서 군사를 잃은 책임을 지고 큰 처벌을 받게 되었으나 선조가 "패전한 것과는 사세가 다르다"며 백의종군하는 처벌에 그쳤다고 전한다. 이 사건에 대해 『이충무공전서』의 「행록行錄」과 『선조수정실록』은 더 자세한 경위를 실었다.

이때 북방의 호란이 한창 성하므로 선조 19년(1586) 정월에 조정에서 이순신을 조산만호로 추천 임명하였다. 선조 20년(1587) 가을에 녹둔도 둔전의 직임을 겸무兼務시켰는데, 그는 녹둔도가 외떨어져 있고 방수防守하는 군졸도 적기 때문에 누차 병사 이일에게 보고하여 병졸을 더 보내달라고 요청했으나 이일은 이에 따르지 않았다. 8월에 오랑캐가 과연 쳐들어와서 성채城砦를 포위했으나 이순신은 그 선두에 선 홍전紅氈 입은 수인數人을 쏘아 죽이고, 또 이운룡李雲龍 등과 함께 오랑캐를 추격하여 사로잡혀간 군졸 60여 명을 빼앗아 돌아왔다. 그런데 병사 이일은 이순신을 멸구滅口*하여 자기의 죄를 모면하려고 이순신을 잡아와 처형하려

---

* 비밀을 보전하기 위해 그 일을 알고 증언할 사람을 죽여 없애는 일.

고 하였다. (……) 이순신이
들어가자 이일은 그에게 패
군한 상황을 공초하게 했으
나 그는 거절하면서 "내가 병
졸이 고단하니 누차 더 보내
달라고 요청했는데도 병사가
허가하지 않았던 서목書目이
여기 있으니 조정에서 만약
이런 내용을 안다면 패군한
죄는 나에게 있지 않을 것이

원균 초상화

오. 또 나는 역전力戰하여 적병을 물리치고 우리 군졸을 탈환奪還했으
니 패군한 책임으로 논죄할 수가 있겠소" 했는데 말과 얼굴빛이 조금
도 움직이지 않자 이일은 대답을 못 하고 한참 지난 후 다만 가두어
두고서 사건을 조정에 알리니, 선조는 "이순신은 패군한 사람은 아니
니 백의종군시켜 그로 하여금 공을 세우게 하라" 하였다. 이해 겨울
에 공을 세워 사면받았다.[6]

이 기록은 녹둔도 전투가 벌어지기 전 여러 차례 북병사 이일에게
병력 증원을 요청했으나 거절당한 상황에서 적에게 기습당하자 역
전力戰하여 군졸을 탈환했다고 전한다. 이순신은 패전한 것이 아니
라는 뜻이다. 『징비록』도 이에 대해 상세히 전하고 있다.

순신은 용감하고 지략이 있으며 말타기와 활쏘기를 잘하였다. 일찍이 조산만호로 있을 때 계략을 써서 배반한 오랑캐 우을기내于乙其乃를 유인해 와서 묶어서 병영에 보내어 목을 베어 죽이게 하니 오랑캐에 대한 근심이 마침내 없어졌다. 또 순찰사 정언신鄭彦信이 순신에게 녹둔도의 둔전을 지키게 했는데, 어느 날 안개가 가득 끼인 속에 군인들은 미곡을 거두기 위해 다 나가고 성채에는 10여 명만이 남아 있었는데 잠시 후에 오랑캐의 기병이 사방에서 모여들었으나 순신은 성채 문을 닫고 유엽전柳葉箭*으로 적병 수십 명을 쏘아 죽였다. 오랑캐가 놀라서 달아나자 순신은 성채 문을 열고 단기單騎로 크게 고함을 치면서 내쫓으니 오랑캐의 무리는 크게 패주하였다. 순신은 적병이 약탈해 간 물건을 모두 빼앗아 돌아왔다. 이와 같은 공을 세웠는데도 조정에서 그를 추천하고 당겨주는 이가 없었기 때문에 무과에 급제한 지 10여 년이 되도록 발탁되지 못하다가 이때에 와서 비로소 정읍현감에 임명되었다.[7]

위의 기록을 검토해보면 이순신은 북쪽 오랑캐의 공격을 받았을 때 불리한 상황에서 승리를 거두었으나 병사 이일은 일부 병사가 전사한 데 대한 자신의 책임을 모면하기 위하여 이순신을 패군의 책임자로 보고했으나 조정에서는 백의종군시키는 처벌로 이 사건을 종결지었다는 것이다. 또 이순신은 단신으로 오랑캐를 추격하여 공을 세웠는데도 조정에서 그를 추천해주는 이가 없었기 때문에 무과에 급제한 지 10여 년이 되도록 발탁되지 못했다는 것이다. 그렇다면

---

* 살촉이 버들잎처럼 생긴 화살.

이모 씨가 지적한 "이순신이 별로 공을 세우지 못하여 미관말직에 머물러 있었다"는 기록은 관련 사료를 세밀히 고증 검토하지도 않고서 억측한 오류에 불과하다.

조정에서 이순신을 추천하는 이가 없어서 무과에 급제한 지 10여 년이 되도록 발탁되지 못한 것은 그가 남에게 청탁하여 입신출세하기를 도모하지 않았기 때문인데, 다음의 자료가 이런 사실을 증명한다.

> 그는 천성이 분주奔走(청탁운동)하기를 좋아하지 않았으니 이 때문에 서울에서 자랐음에도 아는 사람이 거의 없는 편이었다. 유독 서애 유상공柳相公(유성룡)만이 같은 마을에 사는 소시少時의 친우인 관계로 매양 그가 장수가 될 만한 재간이 있다고 칭허稱許하고 있었다.
> 율곡 이선생이 전상銓相(이조판서)으로 있을 때 그의 명성을 듣고 또 그가 동성同姓(본관이 같은 덕수 이씨)인 것을 알고서 서애를 통해 한 번 만나보기를 요청하므로, 서애가 그에게 가서 율곡을 만나보도록 권고하니 그는 말하기를 "나는 율곡과 동성인 인연으로서는 서로 만나볼 수가 있겠지만, 율곡이 전상으로 있을 동안에는 만나보는 것은 옳지 못한 일이요" 하고는 마침내 가서 만나보지 않았다.[8]

> 순신이 무과에 급제하여 권지훈련원봉사權知訓鍊院奉事(종9품)에 보직되었을 때 병조판서 김귀영金貴榮이 서녀庶女가 있어 순신에게 첩으로 주려고 했으나 순신이 응낙하지 않으므로, 다른 사람이 그 이유를 물으니 그는 말하기를 "내가 처음으로 벼슬길에 나갔는데, 어찌 감히 권문세가에 의탁하여 승진을 도모하겠는가" 하였다.[9]

領議政 西厓 柳成龍 像

유성룡 초상화. 유성룡은 이순신의 인품과 재간을 알아보고 정읍현감(종6품)이던 이순신을 파격적으로 전라좌수사(정3품)로 추천했다.

이처럼 강직한 처신으로 승진하지 못하던 이순신이 주요 보직을 맡게 된 계기는 왜국倭國의 동병動兵 소식 때문이었다. 일본이 쳐들어올 것이라는 정보가 있자 선조는 비변사에 명을 내려 장수가 될 만한 인재를 천거하라고 했다. 이때 이조판서 유성룡이 정읍현감(종6품) 이순신을 전라좌수사(정3품)로 추천하여 임명된 것이다.[10] 이러한 파격적인 인사행정에 사간원에서 양차兩次에 걸쳐 아무리 인재가 모자라지만 관력官歷이 일천한 이순신을 어떻게 갑자기 수사水使로 승진시킬 수 있겠느냐며 반대했으나 선조는 "이순신의 임명은 상규常規에 구애할 수가 없다. 이 사람만이 이 임무를 감당할 수가 있으니 관작官爵의 고하高下는 물을 필요가 없다. 수사水使 임명은 고칠 수 없다"[11]라면서 그대로 임명했다.

이때 유성룡이 이순신을 파격적으로 추천하여 등용한 것은 그가 누구보다도 이순신의 인품과 재간을 잘 알고 있었기 때문이다. 후일 이순신과 원균의 능부能否에 관한 선조의 하문에 그는 이렇게 대답했다.

이순신은 같은 마을에 살고 있는 사람이기 때문에 신은 소싯적부터

그를 알고 있는데, 그가 직무를 잘 처리하고 평일에 대장大將을 희망

하고 있었으며 성품이 강의强毅하여 남에게 휘어 굽히지 않았기 때문

에 신이 그를 수사로 추천했습니다.[12]

이것은 옛날 중국 초·한시대 때 한나라 승상 소하蕭何가 미관微官

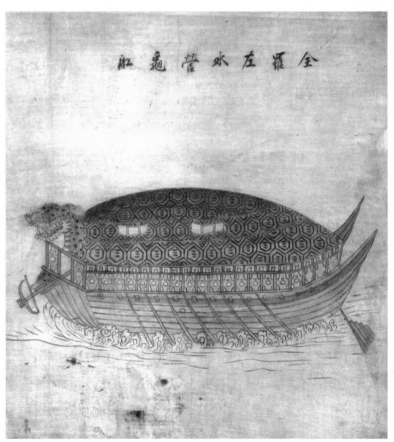

거북선. 임진왜란 때 이순신이 고안하여 만든 세계 최초의 철갑선으로, 왜군을 무찌르는 데 크게 이
바지했다.

의 도위직都尉職에 있던 한신을 일약 대장으로 추천 발탁한 일[13]과 같은 사례였다.

이순신이 정읍현감에서 전라좌수사로 부임한 시기는 선조 24년(1591) 2월로 이듬해 선조 25년(1592) 4월에 왜적이 우리나라를 침범하기 1년 2개월 전이었다. 그는 수영水營에 부임하자 왜적의 침범에 대비하기 위해 거북선을 비롯한 모든 전구戰具를 수리하거나 새로 만들어 만반의 준비를 해두었다.

이 무렵 육군장陸軍將인 신립이 수군水軍을 폐지하고 육군에만 집중하자는 계사啓辭를 올려 조정에서 논의가 되자, 이순신은 급히 계주啓奏하기를 "해구海寇를 막는 것은 수군이 육군보다 나으니 수군과 육군 중에 한쪽만을 버릴 수는 없습니다"라고 하여 수군의 폐지를 막았다.[14]


## 2 원균의 고급告急*과 이순신의 부원赴援**

다음으로 문제되는 것은 이순신의 지원출동과 작전 지휘권에 관한 이모 씨의 기록이다.

왜적이 부산에 상륙하자 원균은 장계를 올려 이 사실을 보고하는 한

---

* 급한 상황을 알림.
** 구원하러 감.

편, 가장 가까운 이순신에게 지원을 호소하는 공문을 급히 보냈다. 그는 연일 위급한 사정을 알려 연합작전을 요구했다. 도합 다섯 차례의 공문을 이순신에게 보냈다. (……) 그러나 이런 위급한 상황인데도 이순신 부대는 움직이지 않고 조정의 출전명령을 기다리고 있었던 것이다. 5월 초2일에야 조정의 출전명령을 전달받았다. 이때에야 이순신은 경상의 수영水營 등 각 수영과 연합하여 왜적을 막을 작전을 세웠고 실제 왜적과 맞서 싸운 것은 그로부터 며칠 뒤였다.

이 연합부대의 주장主將은 원균이고 이순신은 일부 작전에 원균의 지휘를 받아야 했다. 이때 원균이 주장主將이 된 것은 말할 것도 없이 서열 때문이었다. 이 연합작전은 연전연승을 하여 왜군의 통로를 막았고 왜군이 한때 전라도 일대에는 발을 못 붙이게 만들었다.

이 전승의 공으로 원균은 가선대부嘉善大夫(종2품)의 품계를 받았고, 이순신은 그보다 한 급 높은 정헌대부正憲大夫(정2품)의 품계를 받았다. 여기에서 우리는 두어 가지 사실에 관심을 기울여야 할 것이다. 첫째는 원균이 부산진에서 첫 왜군을 못 막은 것은 정황으로 어쩔 수 없는 일이었다. 그리하여 남해안의 총병력으로 합동작전을 벌이려 했던 것이다. 그런데 이순신은 조정의 출전명령이 오기 전에는 결코 응하지 않았다. 그러다가 20일 만에야 조정의 명령을 받고 출동했던 것이다. 원래 현지의 장수는 편의종사便宜從事의 권한이 주어지는 것이 왕조시대의 통례였다. 다시 말해서 현지에 위급한 상황이 있을 적에는 현지의 장수는 조정의 명령을 듣지 않고도 적절히 대처할 수 있는 권한이 있었다.

그런데도 이순신은 이 절대의 위급한 상황을 알면서도 편의종사의 권한을 쓰지 않았던 것이다. 이것은 어떻게 해석해야 하는가? 뒤탈이 없도록 하는 철저한 보신책에서 나왔다고 말할 수 있을 것이다.

둘째 같은 지역에서 작전을 수행하면서 이순신은 주장 원균보다도 한 등급 높은 공을 받았다는 사실이다. 원균으로서는 후배에게 공을 가로채였다고 생각했을 것이다. 당시 전과를 연명連名으로 올리자고 원균이 제의했으나 이순신은 이를 뒷날 올리자고 하였다.

그리하여 원균이 단독으로 전과를 올렸던 탓에 이순신도 단독으로 올려 결국 공로가 달라졌던 것이다. 물론 이순신의 활약이 더 컸음은 말할 나위도 없겠다. 그러나 이 결과로 원균에게는 많은 불만을 사게 되었을 것이다.[15]


이 기록은 작자가 당시의 사료를 세밀히 검토하지 않고 편의대로 자료를 편취하여 이순신과 원균의 불화 책임을 이순신에게만 전가한 것으로, 그 당시 일부 정치인의 편파적인 작태를 그대로 따라 행한 것과 다름없다.

이 기록의 허점을 간단히 요약 지적하면 다음과 같다.

첫째 원균이 부산진에서 쳐들어온 왜적을 못 막은 것은 정황으로 어쩔 수 없는 일이었으며 그리하여 남해안의 총병력으로 합동작전을 벌이려 했다는 것이다.

이 기록대로라면 원균은 적이 침입할 당시에 대전對戰태세를 갖추지 않고 군졸을 해산시키고는 육지로 도주한 사실에는 아무런 책임이 없게 된다. 다만 경상, 전라 수군의 합동작전의 계획만 세운 공로만 남게 된다. 그러나 이는 사실과 다르다는 것을 다음의 사료가 증명한다. 그 당시 경상초유사인 김성일은 장계에서 이렇게 보고했다.

우수영右水營은 수사水使(원균)와 우후虞候(우응신禹應辰)가 스스로 군영을 불태우고서 우후는 간 곳을 알 수 없고 수사水使는 배 한 척을 타고서 현재 사천泗川 해포海浦에 우거하고 있는데 격군格軍 수십 명 이외에는 군졸은 한 명도 없습니다. (……) 우수사右水使 원균은 군영을 불태우고 바다로 나가 다만 배 한 척만을 보전하였습니다. 병사와 수사는 한 도道의 주장主將인데 하는 짓이 이와 같으니 그 휘하의 장졸將卒들이 어찌 도망하거나 흩어지지 않겠습니까? (……) 군법이 만약 엄중하면 패전한 자는 반드시 죽이고, 나아가지 않고 머뭇거린 자는 반드시 죽이며, 성을 포기한 자는 반드시 죽입니다.[16]

경상우도순찰사인 김수金晬의 장계도 마찬가지 상황을 보고했다.

수사 원균은 주사舟師 대장으로서 여러 장수들을 거느리고 내지內地로 피하고, 우후 우응신을 시켜 관고官庫를 불태우게 하여 200년 동안 저축한 물건들이 하루아침에 없어져버리게 하였습니다. 조라포만호 박붕朴鵬은 간 곳을 알 수 없고…….[17]

이상의 두 자료는 원균이 수군의 주장으로서 군영과 창고를 불태우고 도주했으므로 직무유기의 죄에 해당함을 보여준다.

또 『선조수정실록』은 이렇게 기록했다.

왜병들이 바다를 건너오자 경상우수사 원균은 대적할 수 없는 형세임을 알고 전함戰艦과 전구戰具를 모두 물에 침몰시키고 수군 1만여 명을 해산시키고 나서 혼자 옥포만호玉浦萬戶 이운룡李雲龍과 영등포만호永登浦萬戶 우치적禹致績과 남해현南海縣 앞에 머물면서 육지를 찾아 적을 피하려고 하였다. 운룡이 대항하여 말하기를 "수사께서 나라의 중책을 맡았으니 의리상 관할 경내에서 죽는 것이 마땅하다. 이곳은 바로 양호兩湖의 요해처로 이곳을 잃게 되면 양호가 위태롭다. 지금 우리 군사가 흩어지기는 했지만 그래도 모을 수 있으며 호남의 수군도 와서 구원하도록 청할 수 있다" 하니, 원균이 그 계책을 따라 율포만호栗浦萬戶 이영남李英男을 보내 순신에게 가서 청하게 하였다.[18]

『징비록』은 이 사실을 이렇게 전한다.

처음에 적병이 이미 육지에 오르자, 원균은 적의 형세가 큰 것을 보고 감히 나가 치지 못하고 그 전선 백여 척과 화포, 병기 등을 모조리 바다 속에 가라앉힌 다음, 다만 수하의 비장 이영남과 이운룡 등만 데리고 배 네 척에 나누어 타고 달아나서 곤양 바다 어귀에 이르러 뭍으로 올라가서 적군을 피하고자 하니, 이에 그가 거느린 수군 1만여 명은 모두 무너지게 되었다. 이영남이 간하기를 "공은 임금의 명령을 받아 수군절도사가 되었는데 지금 군사를 버리고 육지로 올라가게 되면 후일 조정에서 죄를 물을 때 무슨 말로 해명하겠습니까? 전라도에 구원병을 청하여 적군과 한번 싸워본 다음 이기지 못하거든 그 후에 도망치더라도 늦지 않을 테니 그렇게 하는 것이 좋을 듯

합니다" 하자 원균이 옳다고 여겨 이영남을 이순신에게 보내 구원을
청하도록 했다.[19]

이 두 자료는 그 내용이 서로 비슷하다. 왜적이 처음 침범할 때 원
균은 감히 출격하지 못하고 전선과 전구를 모두 바다 속으로 침몰시
키고 수군 만여 명을 흩어버리고는 이운룡, 우치적, 이영남 등 수하
의 몇몇 장수들과 남해현 앞에서 정박하고 있다가 다시 육지를 찾아
피신하려고 했다. 이때 이운룡, 이영남이 '국가의 중책을 맡은 수사
가 봉내封內를 떠나서는 안 된다면서 이 지역은 전라, 충청을 방어하
는 중요한 곳이므로 반드시 지켜야만 되니 가까운 지역에 있는 전라
수군에게 구원을 요청하자'고 주장하자 원균이 그들의 계책에 따라
경상, 전라 두 수군의 합동작전이 이루어진 것이다.

이 두 기록을 세밀히 검토해보면, 원균은 처음부터 왜적의 기세에
질려 감히 막을 대책을 세우지 못하고 군기와 군병을 모두 침몰 해
산시키고는 수하의 몇몇 장수와 함께 보신도주하려고 했다. 그때 만
약 이운룡, 이영남 등이 '이 지역을 떠나서는 안 된다는 강력한 제지
와 전라수군에게 청원하자는 진언'을 하지 않았더라면 원균은 결국
육지로 피신하게 되어 후일 직무유기의 죄명으로 준엄한 국법의 처
단을 면치 못했을 것이다.*

다음은 전세의 위급한 상황을 알면서도 이순신은 현지의 장수에

---

* 앞의 김성일의 장계 중 "군법이 만약 엄중하면 성을 포기한 자는 반드시 죽입니다" 조항 참조.

게 주어진 편의종사의 권한을 쓰지 않고 조정의 명령이 오기를 기다려 늦게 출동했으니 이것은 뒤탈이 없도록 하는 철저한 보신책에서 나왔다는 대목이다.

과연 이순신이 늦게 출동한 것은 철저한 보신책 때문일까?

당시의 군령체제는 원칙상 전라좌수영의 이순신은 오직 조정의 명령이 있어야만 자기 수하의 수군을 경계를 벗어나 인접 수군인 경상우수영을 구원할 수 있었다.[20] 평소 침착하고 주밀한 이순신으로서는 이때 모든 군사를 동원해 구원하러 가는 대사大事에 조정의 명령을 기다리는 것은 당연한 일이었다. 또 왜적의 대군이 압경壓境 침공하는 당시의 상황에서 우리 수군이 만전의 요격邀擊 분쇄粉碎태세를 갖추려면 작전계획을 세우는 데도 그만한 준비기간이 필요했다. 이때의 정세를 다음의 자료가 증명한다.

4월 23일자로 내려진 조정의 출전명령은 4월 27일에 이순신의 진중에 도착했는데 이보다 먼저 경상순찰사 김수와 경상우수사 원균이 원군을 요청하는 장계가 있었기 때문이다. 이때 이순신에게 내려진 조정의 출전명령은 다음과 같다.

왜구가 이미 부산과 동래를 함락하고 밀양에 침입했는데, 지금 경상 우수사 원균의 장계를 보면 그는 각 진포鎭浦의 수군을 거느리고 바다로 나가서 군대의 위엄을 보이고 왜적을 습격할 계획을 세우고 있다 하니 이때야말로 왜적을 칠 수 있는 좋은 기회이므로 원균을 후원하지 않을 수가 없다.

그대가 원균과 합세하여 적선을 공격하여 부순다면 왜적은 곧 평정

「동래부순절도」. 동래성에서 왜군의 침략에 대응하다 순절한 부사 송상현과 군민들의 항전을 그린 것이다. (육군박물관 소장)

될 것이니 그대는 각 진포의 병선을 거느리고 급히 출전하여 이런 기회를 놓치지 말아야 한다. 그러나 천리 밖 먼 곳의 일이니 만약 뜻밖의 일이 발생할 경우엔 이 명령에 구애받을 필요가 없다.[21]

원균은 조정에 장계를 보낼 때는 마치 조선 수군의 위엄을 보이면서 왜적을 습격할 기회를 노리고 있는 것처럼 허위 보고를 했다. 그러나 장계를 올린 원균은 왜적의 수군이 가까이 쳐들어오고 있다는 뜬소문을 듣고는 자기 수하의 수군을 모두 흩어버리고는 수영 오아포烏浦에서 200리나 멀리 떨어져 있는 후방인 사천泗川 선창船艙으로 단숨에 도망쳐버렸다.

이순신이 경상 수영을 구원하기 위해 간 상황에 대해서 훗날 일부 정치가들은 이순신을 공격하는 자료로 사용했다. 우의정 김응남金應南은 "순신은 왜적을 공격하지 않으려고 했으나 선거이宣居怡의 주장에 따라 공격했다"고 하고, 판돈령부사判敦寧府事 정곤수鄭崑壽는 "정운鄭雲[運]이 순신에게 장수가 부임하지 않으면 전라도는 수습收拾할 수 없다고 협박했기 때문에 순신은 마지못해서 부원赴援 공격했다"[22]고 했으며, 뒤에 또 김응남은 "순신이 나아가 싸우지 않기 때문에 정운이 그의 목을 베려고 하니 순신이 두려워서 마지못해 가서 싸웠다"[23]고 하는데, 이런 기록은 당파의 자리에서 각자 들은 대로 말했기 때문에 내용이 각각 달랐다. 더구나 김응남의 말은 이순신의 행위는 폄하하고 정운의 공을 부각하기 위하여 앞뒤의 발언 내용이 서로 다를 뿐 아니라 부하인 정운이 상관인 이순신을 죽이려 했다는 이치에 맞지 않는 주장을 하고 있다. 전시에 상관에게 칼을 빼들고 저항하면 그 자체가 이미 사형에 해당하는 군법 위반이다.

 이순신이 구원하러 간 정황에 대해서는 『선조수정실록』과 『이충
무공 전서』 「행록」에 다음과 같은 기록이 있다. 먼저 『선조수정실록』
의 기사를 보자.

 이순신은 여러 진포鎭浦의 수군을 앞바다에 모아놓고 왜적이 이르기를
기다려 싸우려고 했는데, 원균의 위급한 상황을 알리는 이영남의 말을 듣
고서 여러 장좌將佐들은 대부분 말하기를 "우리는 우리 지역을 지키기에도
오히려 부족한 형편인데, 어느 여가에 타도他道에 가서 싸울 수 있겠습니
까?"했으나, 유독 녹도만호 정운과 군관 송희립宋希立만이 강개慷慨한 표
정으로 울면서 경상도에 나가 적군을 공격하자고 권하면서 "적군을 토멸
하는 일은 경상도와 전라도의 구분이 있을 수 없으니 경상도로 나가서 먼

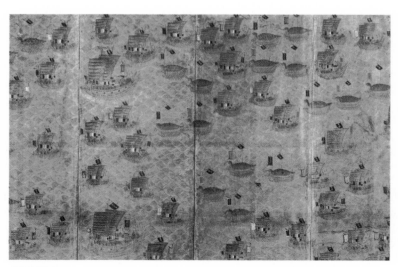

「수군조련도」

저 왜적의 기세를 꺾어버리면 본도本道(전라도)도 보전할 수 있을 것입니다" 하니, 순신이 크게 기뻐하여 언양현감彦陽縣監 어영담魚泳潭을 향도장嚮導將으로 정하여 출동의 길에 올랐다.[24]

다음으로 『이충무공 전서』의 「행록」은 이렇게 기록했다.

순신이 여러 장수들을 소집하여 경상도에 가서 왜적을 토벌할 계획을 의논하니 모두 "우리 수군은 본도를 지켜야만 하고 경상도의 적군을 가서 토벌하는 것은 우리 임무가 아닐 듯합니다"라고 했다. 그러나 유독 군관 송희립과 녹도만호 정운만이 경상도에 가서 왜적을 쳐야 한다고 강력히 진언하니, 순신은 크게 기뻐하면서 목소리를 높여 "적세賊勢가 한창 강성하여 국가가 위태한데 어찌 타도의 장수에게만 책임을 맡겨두고서 자기의 경계에 물러와 지킬 수가 있겠는가. 내가 시험 삼아 물은 것은 여러 장수들의 의견을 잠시 들어보려는 것뿐이다. 오늘날의 일은 오직 나가서 싸우는 것만 있을 뿐이니 이 일에 반대하는 의견을 말하는 사람은 목을 베겠다"고 하니 온 군대가 무서워 복종하면서 스스로 분발奮發하여 죽기를 각오하고 나라를 위해 힘쓰기를 원했다 한다.[25]

이상에 인용한 자료를 통하여 그 당시 이순신이 구원군을 동원한 상황을 대략 파악할 수 있는데, 이모 씨는 원균이 부산진에 쳐들어온 왜적을 막지 못한 것은 정황으로 어쩔 수 없는 일이고 이순신이 매우 위급한 상황을 알면서도 즉시 출동하지 않고 조정의 명령을 기다린 것은 뒤탈이 없도록 하는 철저한 보신책에서 나왔다고 썼다. 이것은 원균이 적침 초기에 방어태세는 취하지 않고서 군기軍器와 군병을 침몰 해산시키고는 그냥 진鎭을 버리고 도주한 죄과는 슬쩍 은폐하고, 이순신이 왜적을 격멸하기 위하여 주도면밀한 작전계획을 세운 후 본도(전라도)에서 멀리 타도(경상도)로 구원하러 가는 과정을 호도糊塗 외곡한 것에 불과하다.

선조 25년(1592) 5월 7일은 임진란 중 최초의 전과를 올린 옥포양 玉浦洋전투(옥포해전)의 날이다. 이순신이 부원赴援한 전라수군과 원균이 인솔한 경상수군이 합세하여 거제도 동쪽 옥포양에서 적선을 맞아 싸워서 적선 26척을 분소焚燒시키고 적병 4천여 명을 도살屠殺한 대전과를 거두었으며, 또 영등양永登洋에서도 적선 10여 척을 분소한 전과를 거두었다.

7월 5일에는 부원한 전라우수사 이억기李億祺 군과 경상수군과 합세하여 진해양鎭海洋에 있던 적군을 격파하고, 7월 8일에는 고성固城 견내량見乃梁에 있던 적선 100여 척을 한산도 앞바다로 유인해 적선 50여 척을 분소하는 대전과를 거두었다. 이후로는 적병이 육지에 올라가서 달아나고 거제 이서以西 지역이 평온해지고 전라, 충청의 해로가 개통하게 되었다.

이 한산도대첩의 전과는 육전의 진주성대첩, 행주성대첩과 함께 통칭 '임진왜란 중 삼대 전첩'이라고 하는데, 그중에서도 이 한산도 대첩은 임진왜란의 전전국全戰局을 수세에서 공세로 전환시켜 국가 중흥의 일대 전기를 만들었다. 그 당시 난국을 수습 처리한 서애 유성룡은 전란회고록戰亂回顧錄의 목적으로 저술한 『징비록』에서 한산

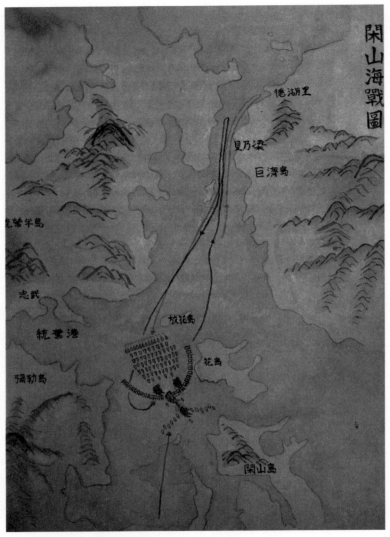

「한산해전도」 (출처 : 지용희, 『경제전쟁시대 이순신을 만나다』)

도대첩의 의의를 다음과 같이 논평했다.

대개 적군은 본시 수군과 육군이 합세하여 서도西道로 내려오려고 했는데, 이순신의 이 한 번 싸움(한산도대첩)에 힘입어 마침내 적군의 한쪽 세력이 꺾였기 때문에 소서행장小西行長이 비록 평양을 점거했지만 형세가 후원後援이 없어 외로워서 더 전진하지 못하였고, 우리 국가에서는 전라도·충청도와 황해도·평안도·연해 지역의 전부를 보전하여 군량을 보급시키고 조정의 호령號令(지휘하는 명령)을 전달하여 나라의 중흥을 이루게 되었으며, 중국 요동 지방의 금주金州·복주復州·해주海州·개주蓋州와 천진天津 등 지역도 동요되지 않아서 명나라 군대가 육로로 나와 구원하여 적군을 물리치게 되었다. 이는 모두 이 한 번 싸움에서 이긴 공이니 아아, 이것이 하늘의 도움이 아니겠는가?[26]

당시 적군의 전략은 그들의 수괴인 풍신수길豊臣秀吉(도요토미 히데요시)이 호언한 "장차 한번 뛰어서 곧바로 대명국으로 들어가겠다(將一超 直入大明國]"*고 한 것처럼 수군과 육군이 합세하여 우리 국토를 석권한 후 중국의 요동 지방까지 진격할 계획이었다. 그러나 우리 수군이 남해의 제해권을 장악하여 적군의 보급로를 차단했기 때문에 평양까지 진출한 왜장 소서행장小西行長도 더 전진하지 못했고, 조정은 호령을 전달하여 각 지방의 의병들을 격려 분기奮起시킨 것

---

* 풍신수길이 조선에 보낸 서신 중에 있는 문구.

이다. 명나라의 구원군도 육로로 나와서 이듬해 계사년(1593) 정월에 평양성을 수복하게 되었으니 이 한산도대첩이 전국戰局에 미치는 전략적 의의는 매우 컸다.

　그런데 5월 7일의 옥포양전투를 위시하여 7월 8일의 한산도대첩에 이르기까지 경상·전라의 연합함대를 통솔 지휘한 주장은 이순신이고, 원균은 다만 앞에서 함대를 인도하여 적군을 공격한 선봉장 구실을 했다. 그런데 이모 씨는 연합부대의 주장은 원균이고 이순신은 일부 작전에서 원균의 지휘를 받아야 했고, 이때 원균이 주장이 된 것은 말할 것도 없이 서열 때문이라고 주장했다.

　그러나 당시 이순신과 원균은 같은 직급의 수군절도사였는데 서열 때문에 무조건 원균의 지휘를 받아야 했다고 말하는 것은 그 당시 해전의 전투 실상을 살펴보지도 않고서 억측만으로 사실을 추정 외곡한 것이다. 『선조실록』의 다음 사료가 이런 실상을 명백히 증명한다.

　전라수사 이순신은 주사舟師를 동원해서 타도他道까지 깊숙이 들어가 적선 40여 척을 격파하고 왜적의 수급首級을 베었으며 빼앗겼던 물건을 도로 찾은 것이 매우 많았다. 비변사가 논상할 것을 계청하니, 주상이 가자加資하라고 명했다.[27]

　또 『선조수정실록』은 이렇게 기록했다.

　전라수군절도사 이순신이 경상도에 구원하러 가서 거제巨濟 앞 나루

풍신수길 초상화

에서 왜병을 격파하였다.[28]

두 기록은 이순신이 전라도에서 경사도로 부원하여 옥포에서 적
선을 부딪쳐 부수고 왜병을 크게 패퇴시켰다는 기사로, 그 표제는
각각 '전라수사 이순신이 적선을 격파하니 가자하다'와 '전라수군절
도사 이순신이 거제 앞 나루에서 왜적을 격파하다'이다. 이는 이 싸
움에서 이순신이 주도적인 구실을 했음을 나타낸 필법筆法이다. 『징
비록』은 연합수군의 전투상황을 이렇게 기록했다.

전라좌수사 이순신이 경상우수사 원균과 전라우수사 이억기 등과 함
께 적병을 거제 바다 가운데서 크게 쳐부수었다. (……) 얼마 후에 순
신은 판옥선 40척을 거느리고 이억기와도 약속하여 함께 거제로 나

견내량. 이순신은 적병을 좁은 견내량에서 넓은 한산도로 유인해 공격함으로써 왜적을 대파했다.

와서 원균과 군사를 합쳐 나아가 적의 전선과 견내량에서 만나게 되었다. 순신이 말하기를 "이곳은 바다가 좁고 물이 얕아서 배를 돌리기가 어렵겠으니 우리가 거짓 물러가는 체하여 적병을 유인하고 바다가 넓은 곳으로 나가서 싸우는 것이 좋을 듯합니다" 하니, 원균은 분함을 견디지 못하여 바로 나가서 맞닥뜨려 싸우고자 하므로, 순신이 말하기를 "공은 병법을 알지 못하니 이같이 하면 반드시 패전할 것이오" 하고 마침내 깃발로써 배를 지휘하여 물러가니 적병이 크게 기뻐하여 앞 다투어 따라오는지라. 이미 좁은 곳을 다 나오자 순신이 북소리를 한 번 울리니 여러 배들이 일제히 노를 돌려서 바다 가운데 열을 지어 벌려 서서 정면으로 적의 배와 맞부딪치니 서로 거리가 수십 보步밖에 떨어지지 않았다. (……) 적의 배를 만나면 잇달아 대포로 쏘아 부수고 여러 배가 일시에 합세하여 쳐부수니 연기와 불꽃이 하늘에까지 가득한지라. 적의 배가 수없이 불타버렸다.[29]

이 기록은 거제양巨濟洋해전과 한산양閑山洋전첩을 함께 적은 기사다. 이순신이 적병을 좁은 견내량에서 넓은 한산도로 유인해서 공격하려고 하자 원균이 분개하면서 곧장 나가서 싸우려 하므로 이순신이 병법에 대해 말한 후 왜적을 유인해 대파했다는 내용이다. 『선조실록』의 다음 기사를 보자.

비변사에서 아뢰기를 "경상수사 원균의 승첩을 알리는 계본啓本은 바로 얼마 전 이순신이 한산도 등에서 승리한 것과 한때의 일입니다. (……) 첨사僉使 김승룡金勝龍, 현령縣令 기효근奇孝謹은 특별히 당상관에 올리고, (……) 배지인陪持人, 박치공朴致恭은 3급級을 베고 왜적 한 명을 사로잡았으니 6품으로 승진시킴이 어떠하겠습니까?"하니, 답하기를 "이에 의하여 조처해야 한다. 원균에게는 가자加資를 하지 않는가?" 하였는데, 회계回啓하기를 "원균은 이미 높은 가자를 받았고 지금 이 전첩戰捷의 공은 이순신이 주도했으므로 원균에게는 가자할 필요가 없을 듯합니다" 하였다.[30]

비변사에서 원균이 헌첩獻捷한 계본에 의거하여 원균의 부하에게 관계官階를 올려달라고 계청하자 선조가 허락하면서 원균도 가자加資하는 것이 어떠냐고 묻자 비변사에서 이 전첩戰捷은 이순신이 주도했기 때문에 원균은 가자할 필요가 없다고 대답했다는 것이다. 이때의 주장은 이순신이고, 원균은 이순신의 지휘를 받은 선봉장에 불과했음을 보여주는 자료다.

이해 8월에 이순신은 이억기, 원균 등과 합세하여 부산의 왜적을 향해 진격했으나 큰 전과는 올리지 못했다. 왜적은 수전에 연패했기 때문에 부산, 동래에 둔취屯聚한 채 출전하지 않고 높은 곳에서 탄환만 쏘고 있었기 때문에 우리 수군은 하륙下陸하지 못하고 왜적의 빈 배 400여 척만 불사르고 물러나왔다. 이 싸움에서 녹도만호 정운이 선두에서 역전力戰하다가 탄환에 맞아 죽자 이순신이 대단히 애처롭게 여겼다.[31]

이때 이순신은 수군을 거느리고서 서해의 입구를 지키고 있었으며, 김성일 등은 진주의 관문을 지키고 있었다. 그래서 적병은 금산군金山郡을 경유하여 호남의 경계로 침입하려다가 여러 번 좌절되어

왔던 길로 도로 따라 물러갔으므로, 호서(충청도) 또한 왜적에게 함몰陷沒되지 않게 되었다. 국가에서는 경상, 전라의 방어에 힘입어 군용물자를 공급 조달하게 되었는데 그때 장사將士들의 공로가 매우 컸다.[32]

계사년癸巳年(선조 26년, 1593)년 7월에 이순신은 전라좌수사의 본진(여수)이 먼 한쪽 구석에 있어 경상도의 왜적을 방어하기가 어려우므로 진영을 한산도로 옮겨달라고 조정에 주청했는데 조정에서 이를 승인하여 옮기게 했다. 한산도는 거제도 남쪽 30리에 있는데, 산세가 빙 둘러져 있어 수군의 함선을 숨겨두기가 편리하고 밖에서는 엿볼 수가 없는 곳이었다. 왜적의 수군이 호남 지방을 침범하려면 반드시 이 해로를 거쳐야만 하기 때문에 이순신은 그전부터 이곳의 지형이 험고하여 적군을 제어할 수 있는 곳으로 여기고 있었다. 뒷날 명나라 장수 장홍유張鴻儒가 이곳에 올라와서 한참 동안 둘러보고 난 후에 참으로 좋은 진지라고 감탄하기도 했다.[33]

이해 8월에 조정에서 충청·전라·경상 3도의 수군이 서로 통섭統攝되지 않아 작전상 불편한 점이 많기 때문에 이를 통솔 지휘하는 주장主將이 있어야만 한다는 이유로 특별히 통제사統制使를 설치하여 이를 주관하게 했다. 이에 따라 이순신에게 전라좌수사로서 삼도수군통제사를 겸직케 하여 수군의 통솔작전권을 확립시켰다.

이순신은 이 직책을 맡은 후에 육지에서 군량을 조달하기가 곤란하다는 것을 알고서 곧 체찰부體察府에 건의하여 해포海浦의 일면을 통제영에서 맡아 군량과 군기軍器의 자급자족을 도모했다. 그는 또 바다에서 소금을 구워 육지에 판매하여 양곡을 사들여 수만 석을 적치적置하고 영사營舍와 기구器具를 완비하고는 인민을 모집 완취完聚하여 하나의 큰 진영으로 만들었다. 이때 선배인 원균이 이순신의 밑에 있으면서 그의 지휘를 받기가 부끄럽다고 여겨 불화의 단서가 되었다.[34]

# 4

## 이순신과 원균의 불화와 조정(정계)의 동태

**1** 장재將才의 우열과 쟁공爭功의 단서

### 장재의 우열

이순신과 원균은 그 당시 같이 수군의 총수總帥로 있었으므로 그들이 장수(대장)가 될 재간이 있었는지 먼저 살펴보자.

중국 병가兵家의 시조인 손무孫武는 『손자孫子』에서 장수의 재간에 대해 "장수는 지智(지략)·신信(신의)·인仁(인덕)·용勇(용맹)·엄嚴(위엄)이라는 다섯 가지 덕을 구비해야 한다"라고 했다.[35] 이 다섯 가지의 덕을 모두 구비한 장수가 그 당시 우리나라에 몇 사람이나 있었을까.

첫째, 지략 면에서 이순신은 임진왜란 이전에 이미 전략(거북선)과 병기(각종 화포)를 정비하여 왜적의 침공에 대비태세를 갖추었으며,

경상도에 부원赴援할 때도 관하 제장諸將들과 작전계획을 상의 수립한 뒤 출동했다. 또한 싸움터인 옥포에 도착해서는 적선의 동정을 정찰하고 다시 제장들에게 "함부로 행동하지 말고 조용하고 침착하기를 산과 같은 자세로 대처하라[勿令妄動 靜重如山]"고 다짐했으며,[36] 그 밖에 조정에 올린 장계에서도 그가 전란에 대처한 지략을 엿볼 수 있다.

반면 원균은 사전에 아무런 대비책이 없었기 때문에 적군이 침입하자 곧바로 진鎭을 버리고 도주하기에 바빴으며, 후일 이순신이 죄를 얻은 후 대체代遞하여 통제사가 되자 "우리나라가 현재 정병 30만명은 모집할 수가 있으니 4, 5월 안에 수군과 육군이 합세하여 왜적과 승부를 한 번 결판해야 된다"는 당시 정세로 실행 불가능한 허장성세의 장계를 조정에 올려 비변사 당국을 당혹하게 했다.[37] 그는 급기야 전군을 동원하여 멀리 부산까지 진격하려 했으나 왜적에게 유인당하여 제대로 결전도 해보지 못하고 칠천량漆川梁에서 전군이 복멸覆滅하는 큰 패전을 초래하게 되었으니 이것은 원균이 병법도 모르고 지략도 없었기 때문이다.

둘째, 신信은 군중의 규율과 약속이므로 이순신은 언제든지 관하 제장들과 작전계획을 수립하는 동시에 신중히 행동에 옮겼지만, 원균은 아무런 계획도 세우지 않고 즉흥적으로 전투에 임했다. 또 군중의 약속도 준수하지 않았다. 그 실례로 원균이 적침敵侵 초기에 전라수군에게 구급청원救急請援을 했을 때, 이순신이 돕기 위해 당포唐浦에 도착했는데 응당 대기하고 있어야 할 원균이 그곳에 없어 이순신이 사람을 시켜 그의 소재를 찾아야만 했다.[38]

또한 경상도 소속인 거제현령 김준민金俊民이 가까운 바다에서 연일 왜적과 교전하고 있었는데도 주장인 원균은 그곳에 나타나지 않았다.[39] 이런 일들은 원균이 신의를 지킬 줄 모르고 멋대로 행동했음을 보여주는 실례다.

셋째, 인덕仁德은 군졸과 민중의 마음을 얻는 것을 이르는데 원균은 변란 초기부터 군졸들을 돌보아주지 않았기 때문에 민심을 잃게 되어 『선조실록』은 "경상도가 판탕板蕩(형편이 어지러워짐)하게 된 것은 모두 원균 때문이었다"[40]라고 기록했다. 뒤에 그가 충청병사로 전직했을 때도 사헌부에서 "원균이 탐학貪虐하여 입방立防한 군사들에게 종태種太를 징납케 하고 또 잔혹한 형벌을 자행하여 죽인 군사가 많았기 때문에 원망하는 소리가 일도一道에 충만했으니 파직하기를 주청합니다"[41]라고 했으니 원균이 잔포殘暴하여 군민의 마음을 잃고 있음을 미루어 알 수 있다.

반면 이순신은 국가의 군량이 농민의 경작에서 생산된다는 점을 간파하고서 한산도대첩 후 적세가 조금 물러가자 전쟁에 동원된 군졸을 교대로 귀농하게 했으며, 한산도에 통제영을 설치한 후에는 군량의 자급자족을 도모하여 해포海浦의 일면을 맡아서 소금을 구워 곡식과 바꾸고 병사兵舍와 기구를 완비하고는 인민을 모집 완취完聚하여 하나의 큰 진영으로 만들었다. 이처럼 그는 처음부터 군민일치의 대전체제對戰體制를 수립했다.

또 이순신은 작전계획을 모의하고 수립하는 장소인 '운주당運籌堂'을 병영 안에 지어 여러 장수들과 병사兵事를 의논하고 병졸들에게도 군사 문제에 대해서는 진언을 허용하여 상하의 군정을 소통하도록 했다. 또한 체찰사 이원익이 한산도에 와서 수군을 순무巡撫할 때 이순신은 체찰사의 명령으로 전군을 호궤犒饋하도록 요청 실행하여 사졸들이 뛰면서 기뻐했으니 이것은 그가 군민들을 위무慰撫하여 그들의 마음을 얻었다는 증거다.

이렇기 때문에 훗날 이순신이 왜적의 간계와 당파에 물든 조신朝臣의 무함으로 의금부 도사에게 나인拏引되어 서울로 올라갈 때 그 지방의 군민들이 길을 막고 울부짖으면서 "통제사께서 지금 떠나시면 우리들은 장차 왜적에게 참살당할 것입니다" 하면서 모두 피난갈 채비를 한 것이다. 또 원균이 그를 대신하여 통제사가 되어 진영에 와서 순신의 군정을 변경하고 잔혹한 형벌을 가하자 전군이 분개하고 원망하면서 모두 말하기를 "왜적이 이른다면 우리들은 다만 달아날 뿐이다"[42]라고 했으니, 이는 이순신은 민심을 얻고 원균은 민심을 잃었음을 보여주는 대조적인 사례라고 할 수 있다.

넷째, 장수의 용기다. 용기 중에는 멧돼지같이 앞뒤를 생각하지 않고 돌진하는 용기인 저용豬勇과 경포輕剽(성급함)하고 용한勇悍(사나움)한 용기인 표용剽勇도 있고, 침착하고 과감한 용기인 침용沈勇과 충의忠義에서 일어나는 충용忠勇이 있다. 원균의 용기는 왜적을 만나면 직진돌격하는 저용과 성급하게 행동하는 포용에 가깝고, 이순신의 용기는 왜적을 대하면 침착 과감하게 행동하는 침용과 충의에서 일어난 충용이다.

두 장수가 가진 이런 용기의 차이로 원균은 후일 왜적에게 유인되어 거제 칠천량에서 전군을 패몰시킨 대참패를 초래했으며, 이순신은 명량해전에서 열세의 전선 12척만으로 왜적의 수백 대선단을 격

침시킨 대전과를 거두었다.[43]

다섯째, 장수의 엄위嚴威(위엄)다. 엄위는 장수의 개성에 따라 엄혹
嚴酷(엄하고 혹독함)하기도 하고 엄의嚴毅(엄숙하고 강의함)하기도 하다.
대개 무장 중에는 엄혹한 사람이 많은 편이다. 임진왜란 초기에 순
변사 이일은 상주에서 적병이 근경近境했다고 보고한 개녕민開寧民을
허언으로 군중을 미혹시켰다고 참형에 처했으며, 도순변사 신립은
충주에서 적병이 이미 조령을 넘어왔다는 정보를 알려준 군관을 망
언을 했다는 죄로 참형에 처했으니[44] 이런 일들이 그 당시 장수들의
엄혹한 실례다.

원균은 뒤에 충청병사로 있을 때 입방한 군사들에게 무리한 형벌
을 만들어 잔혹한 일을 자행하여 목숨을 잃은 사람이 잇따라 생기고
병폐病廢한 사람 또한 많았다고 하니[45] 그가 얼마나 군사들에게 엄혹
했는지 미루어 알 수 있다. 이러한 여러 무장 중에서도 이순신만은
엄의한 자세로 부하 장병들을 통솔 지휘했으니 이것이 후일 명나라
장수 진린陳璘이 그의 인품을 진심으로 복종하여 칭찬한 이유다.[46]

이상에서 인용한 자료로 이순신과 원균의 장수로서의 재간의 우
열을 논하면 "이순신은 실로 장수의 재간이 있으니 수군이든 육군이
든 다 할 수 있다[舜臣實有將才 才兼水陸 無或不可]"[47]라는 판중추부사 정
탁鄭琢의 차자箚子처럼 이순신은 손자가 말하는 다섯 가지 덕을 구비
한 장재將才로 수군이든 육군이든 전군을 통솔 지휘할 수 있는 대장
의 재간을 가진 명장이었다.

이와 반대로 원균은 이러한 다섯 가지 중 한 가지도 갖추지 못하
고 결점이 많은 장수였기 때문에 체찰사 이원익이 "군사를 미리 주

지 말고 적군과 싸울 때 와서 군사를 주어 그로 하여금 돌격전을 하도록 하는 것이 좋겠습니다"[48]라고 진언한 것이다. 이원익이 보기에 원균은 전군을 통솔 지휘할 수 있는 장재는 못 되기 때문에, 이순신 같은 장수의 지휘를 받아 전진戰陣의 선두에 서는 제한된 구실을 하는 것에 맞는 장수였다.

### 쟁공의 단서

앞에서 말한 것처럼 이순신과 원균은 장재將才에서 이러한 우열이 있기 때문에 그들이 왜적을 공격하여 올린 전과도 현저하게 차이가 나는 것은 자명한 이치다. 이러한 사실은 이순신이 전란 초기에 원균의 구급요청으로 경상도에 부원하여 옥포 바다에서 승전한 후 조정에 올린 장계에서 여실히 나타난다.

5월 초4일에 판옥선板屋船 24척, 협선挾船 15척, 포작선鮑作船 46척을 거느리고 여수의 본영을 출발하여 경상우도의 소비포所非浦 앞바다에 도착하여 그날 밤을 지내고, 초5일 새벽에 원균과 만나기로 약속한 당포唐浦 앞바다에 달려왔으나 경상도우수사 원균은 약속한 그곳에 있지 않으므로 신은 거느린 빠른 배를 보내어 원균에게 당포에 빨리 오라는 공문을 발송했더니 초6일 진시辰時에 원균은 경내 한산도에서 다만 전선 1척만 타고서 도착했습니다. 그에게 적선의 다과多寡와 적병과 접전할 절차를 자세히 묻고 있을 때, 원균의 관하 제장 중에서 남해현령 기효근, 미조항첨사 김응룡, 평산포권관平山浦權管 김축金軸 등은 판옥선 1척에 같이 타고, 사양만호蛇梁萬戶 이여념李汝恬, 소비포

당항포해전 기념탑. 1592년과 1594년 두 차례에 걸쳐 이순신이 이끄는 조선 수군이 일본 수군을 크게 무찌른 당항포해전을 기념하기 위해 세웠으며, 경상남도 고성에 있다.

권관 이영남 등은 각각 협선을 타고, 영등포만호 우치적, 지세포첨사 知世浦萬戶 한백록韓百祿, 옥포만호 이운룡 등은 판옥선 2척을 갈라 타고서 초5일, 초6일에 계속해 오고 있었습니다. (……) 5월 초7일에 전라, 경상 양도의 수군이 합세하여 왜적을 공격하여 신(순신)의 관하 제장들이 소파燒破한 적선이 21척이고 원균 관하의 제장들이 소파한 적선이 5척이었습니다. 또 신의 관하 제장들은 웅천熊川 땅의 합포合浦 앞바다까지 적선을 추격하여 적의 대선 5척을 소파하고 초8일에는 고성의 적진포赤珍浦에서 적선 13척을 분소했으므로 전후에 소파한 적선이 40여 척이나 되었습니다. (……) 우수사 원균은 다만 3척의 수군만 거느리고 있었는데, 신의 관하 제장들이 잡은 왜선을 (그들이) 화살을 쏘면서 탈취하려는 즈음에 활 쏘는 격군格軍 두 명이 화살에 맞아 부상하기까지 했으니 원균이 주장으로서 부하를 단속하지 않은 것은 무법無法하기가 말할 수도 없으며, 또 그 도에 소속된 거제현령 김준민은 멀지 않은 바다에서 적병과 연일 교전하고 있었는데도 주장인 원균은 신이 격서檄書를 보내 부원赴援하도록 재촉했으나 여태까지 형상形狀을 나타내지 않고 있으니 진상眞狀이 매우 깜짝 놀랄 만합니다. 삼가 조정의 처치를 원합니다.[49]

이 기록은 이순신이 옥포에서 조정에 보고한 내용으로「옥포에서 왜적을 파한 장계[玉浦破倭兵狀]」다. 이런 장계는 사실과 다를 경우 조정에서 조사관을 파견하기 때문에 사실 그대로 적어야 하며, 특히 원균은 조정에 많은 줄을 가지고 있기 때문에 사실이 아닌 내용을 적을 수 없었다. 그 후 이순신은 원균과 전라우수영 이억기와 합세하여 한산도대첩에서 또 대승을 거두었으므로, 조정에서는 이순신에게는 정헌대부(정2품)의 품계를, 원균과 이억기에는 가선대부(종2품)의 품계를 내렸다.

이때 경상우수사 원균도 조정에 전첩장계戰捷狀啓를 올렸는데, 조정에서는 원균 관하의 제장들에게는 비변사의 논계論啓에 따라 승품陞品을 시행했으나 비변사에서는 원균은 이미 가자加資했으며 이번 전첩의 공은 이순신이 주도했기 때문에 원균은 가자할 필요가 없다고 회답했다.[50] 비변사는 이순신과 원균의 장계만 아니라 다양한 경로의 장계를 받기 때문에 이를 통해 대첩의 전공이 누구에게 있는지 파악하고 있었다.

이와 같이 이순신과 원균의 전첩장계가 조정에 올라갔는데, 조정에서는 그 전공의 실적에 따라 이순신에게는 정헌대부의 품계를 주고 원균에게는 가선대부의 품계를 주자 원균은 후배인 이순신이 자기보다 높은 품계를 받은 데 불만을 품었으며,* 이듬해 계사년癸巳年(1593) 8월에 이순신을 삼도(충청, 전라, 경상) 수군통제사(종2품)에 임명하자 원균은 이순신에게 절제節制(통제)받기를 부끄럽게 여겨 전진戰陣에 나가 이순신의 호령을 간혹 준행하지 않기도 했다.

## 2 조정(정계)의 동태

이렇게 두 장수의 불화가 표면화되자 조정에서는 두 사람의 화해조정을 시도하기도 했으나 이 일도 실효를 거두지 못하고 선조 28년(을미년乙未年, 1595) 2월에 원균을 충청병사로 전임시켰다.

이무렵 이순신은 한산도 진중에서 「한산도야음閑山島夜吟」이라는 시와 「한산도가閑山島歌」라는 시가를 지었다.

---

* 이순신과 원균이 서로 다투게 된 단서로 호조판서 김수는 "원균이 10여 세의 첩자妾子(첩의 아들)를 군공에 참여시켜 수상했기 때문에 이순신이 이 일로 불쾌하게 여겼다"라고 했는데, 이 일은 남에게 들은 것이기 때문에 믿을 수가 없으며, 판돈령부사 정돈수鄭崑壽는 이순신의 수하 장수 중에는 당상관에 승진된 사람이 많았는데 원균 수하의 논상論賞은 타인보다 못하기 때문에 서로 다투었다고 하나(『선조실록』 권57, 27년 11월 병술조丙戌條) 그보다도 영의정 유성룡이 말했듯이 원균은 다만 가선대부(종2품)의 품계를 받은 반면에 이순신은 정헌대부(정2품)의 품계를 받은 것이 원균이 분노한 원인이라는 것과 우의정 이원익이 말했듯이 원균은 당초부터 패전한 일이 많았으나 유독 이순신만은 패전은 없고 승전만 있었기 때문에 두 사람의 쟁단爭端은 이 일에서 비롯되었다는 것이 사실일 것이다.(『선조실록』 권82, 29년 11월 기해조己亥條)
또 두 장수가 불화한 단서에 대해 영중추부사 이산해李山海는 "임진 수전 당시에 원균과 이순신이 천천히 전공 보고의 장계를 올리자고 서로 약속해놓고서 이순신이 몰래 밤에 혼자 장계를 만들어 조정에 올려 자기의 공만 내세운 까닭으로 원균은 이 일 때문에 원망한다"(『선조실록』 권84, 30년 정월 무오조戊午條)고 하지만 이산해는 북인으로서 원균을 편들고 이순신을 박해했기 때문에 이 말은 믿을 수 없다. 다만 그때 이순신과 원균이 각각 조정에 장계를 올렸는데, 이순신의 장계에 원균의 실군무의失軍無依하고 격적무공擊賊無功한 실상을 지적하여 진술한 대목이 있었기 때문에 두 사람의 불화가 이때부터 시작되었다고 보는 견해도 있다.(『선조수정실록』 권26, 25년 6월조)

이순신이 한산도 진중에서 지은 「한산도가閑山島歌」를 적은 현판. 경상남도 통영의 이충무공 유적지 안에 신축한 수루에 있다.

한 바다엔 가을빛 저물어가는데

찬바람에 놀란 기러기떼 높이 떴구나

근심이 가득해서 잠 못 이루는 밤에

새벽 달빛이 활과 칼에 비치네

水國秋光暮 驚寒雁陣高 憂心輾轉夜 殘月照弓刀


한산섬 달 밝은 밤에 수루戍樓에 혼자 앉아

큰 칼 손에 쥐고 깊은 시름 잠길 적에

어디서 들려오는 한 가닥 날나리 소리는

나의 애를 북 받치게 하는고

閑山島月明夜 上戍樓 撫大刀深愁時 何處一聲羌笛 更添愁


또 "바다에 맹서하니 물고기와 용이 감동하고, 산에 맹서하니 풀과 나무도 안다[誓海魚龍動 盟山草木知]"*라는 시구도 있다.

이런 시구들은 이순신이 국방의 중책을 맡고서 전심으로 왜적과 대결하고 있을 때의 심경을 토로한 것인데, '바다에 맹서하니 물고기와 용이 감동하고, 산에 맹서하니 풀과 나무도 안다'는 시구는 그의 단심丹心을 해중의 어룡과 산록山麓의 초목까지도 다 감동 인식할 것이라는 호소다. '근심이 가득해서 잠 못 이루는 밤에'나 '큰 칼 손

---

* '서해어용동 맹산초목지誓海魚龍動 盟山草木知'라는 이 일련의 시구는 『이충무공전서』 권1에는 무제無題로 기록되어 있는데, 근년에 이 시구의 전편을 찾아 『국역이충무공전서』 「보유편補遺篇」에 '진중음陣中吟' 3수首로 기록했다. 위 구절이 실린 한 수를 아래 전재한다.
陣中吟 (1) 天步西門遠 君儲北地危 孤臣憂國日 壯士樹勳時 誓海魚龍動 盟山草木知 讐夷如盡滅 雖死不爲辭

에 쥐고 깊은 시름 잠길 적에' 같은 시구는 왜적을 토벌하는 걱정과
함께 내부 방해 세력을 걱정하고 있음을 시사한다.

　선조 28년(1595) 2월에 원균이 충청병사로 전임되었다가 잔혹한
행정으로 사헌부에서 파직을 건의했으나, 선조는 이를 윤허하지 않
고 다시 전라병사로 전임시켰다.[51]

　이때 조정에서는 왜적과의 강화교섭에 실패하고 왜적이 재침하려
는 조짐이 보이자, 해상방위의 책임자 문제를 두고 이순신과 원균이
거론되었다.

　이 무렵 조정의 대신들 중에서 이순신을 두둔한 사람은 영의정 유
성룡, 우의정 이원익, 판중추부사 정탁뿐인 반면 원균을 편들어 이

통영 지도. 경상남도 통영의 한산도는 이순신의 지휘본부가 있던 곳이다.

순신을 공격한 사람은 원균의 족인族人(인척)인 판중추부사 윤두수, 윤근수 형제와 여기에 부동附同하는 영중추부사 이산해, 좌의정 김응남 등이 있었다.

이들의 논의를 살펴보면 유성룡, 이원익 등은 "원균의 성질이 강려强戾(사나움)하여 군심軍心이 이반하고 있으니 전군全軍의 통솔권을 맡길 수가 없다"[52]라고 한 반면 윤근수는 "두 장수가 불화한 것은 직위의 높고 낮음 때문이니 이순신과 원균을 다 같이 통제사로 삼는 것이 좋겠다"[53]라고 했다. 이때 윤두수는 왜적을 방어하는 데는 수군이 제일이니 수군을 장문포長門浦에 들어가게 하고 원균에게 영등포를 지키도록 하여 왜선이 올 때 대포로 영격迎擊하면 편리할 듯하다고 했으며, 정탁은 왜적이 우리 수군을 매우 두려워하니 이순신으로 하여금 수군을 거느리고 공격한다면 적장 가등청정加藤淸正의 선봉을 격파할 수 있으니 비록 우리의 적은 군사로 왜적의 많은 병졸을 대적할 수는 없지만 그들의 기세를 꺾을 수는 있을 것이라고 했다.[54] 또 전라병사 원균도 장계를 올려 수군을 출동시켜 부산의 앞바다에 가서 무위武威를 과시한다면 적장 가등청정은 원래 수전을 겁내고 있으니 반드시 철병하여 돌아갈 것이라고 했다.[55] 이것이 왜적을 만만히 보고 있던 그 당시 몇몇 인사들의 주장이다.

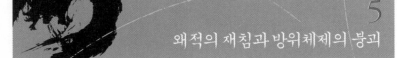

## 5

왜적의 재침과 방위체제의 붕괴

## 1 적적賊 간첩의 활동과 수군장水軍將의 교체

선조 30년(1597) 정월 초10일에 적장 가등청정은 큰 바람과 비 속에 병선 1만여 척을 거느리고 대마도에서부터 바다를 건너와 서생포, 두모포, 죽도 등 그전 진루陣壘를 수리하여 전쟁 준비를 했는데[56] 이 것이 정유재란의 시작이다. 이 대목에서 『인물한국사』의 저자 이모 씨는 사료를 엄밀하게 검토하지 않고 원균과 일본 쪽에 서서 억단하여 역사의 진실을 외곡하고 있다. 그의 논지는 이러하다.

1597년 조정에서는 왜와 화의를 벌이다가 이것이 결국 깨지고 말았다. 왜장 고니시 유키나가(소서행장小西行長)는 화의파였고 가토 기요마사(가등청정加藤淸正)는 주전파였는데, 이들은 서로 반목하고 있었다. 이미 정유재란이 일어나자 고니시는 가토가 한 척의 배로 바다를 건너오니 잡으라고 밀고했다.

이미 조정에서는 이순신에게 이 일을 맡겼는데, 이순신은 왜의 모략일 것이라고 하여 출전하지 않았다. 이것이 이순신으로서는 커다란 실수였다. 고니시의 말이 오늘날의 여러 기록으로 사실이었기 때문이다. 만약 이때 가토를 잡았더라면 정유재란의 양상은 달라졌을 것이다. 이 일로 하여 이순신은 파직되어 서울로 잡혀왔고, 원균은 그가 열망하던 자리에 이순신을 대리하여 앉게 되었다.[57]

그의 말이 사실이라면 소서행장이 가등청정을 죽이기 위해 그가 한 척의 배로 바다를 건너온다는 특급 비밀정보를 주었지만 이순신이 나가서 잡지 않았다는 것이다. 삼척동자도 그 허구성 때문에 웃을 일이다. 이 논지는 그가 전략의 천재인 이순신이 왜 이를 적의 함정이라고 여겼는지는 완전히 도외시하고 왜군의 첩자 요시라要時羅의 말만 그대로 믿고 있음을 말해준다. 놀라지 않을 수 없는 일이다. 이는 그 당시 이순신을 '항명종적抗命縱賊'의 죄명으로 죽이려고 한 당파에 물든 일부 조신朝臣들의 견해를 오늘날에 와서 그대로 반복하는 것과 다름없다. 이 사건의 진상은 다음과 같다.

이보다 먼저 적장 소서행장은 경상우병사 김응서金應瑞와 서로 교통했는데 소서행장의 첩자 요시라가 중간에 왕래하면서 소서행장과 가등청정이 사이가 좋지 않은 것처럼 말하자 일부 조신들은 이 말을 그대로 믿었다. 이때 와서 화의가 실패하자 왜적은 재침을 꾀하고 있었으나 이순신이 지휘하는 수군을 두려워하여 그를 제거한 후 재침하려 했다. 소서행장은 요시라를 김응서에게 보내 "화의가 이루어지지 않는 것은 가등청정이 싸움을 주장하기 때문이니 그만 제거한다면 우리의 한도 풀릴 것이고, 귀국(조선)의 우환도 제거될 것입니다. 모월 모일에 가등청정이 아무 섬에서 유숙할 것이니 귀국에서 수군을 시켜 잠복하여 기다린다면 가등청정을 묶어서 올 수 있을 것입니다"라고 하니 김응서는 요시라의 이 말을 조정에 보고했다. 선조께서 황신黃愼을 보내어 순신에게 비밀히 타이르니 순신이 말하기를 "해로가 간험艱險하니 왜적은 반드시 복병을 숨겨놓고 기다릴 텐데, 우리가 전선을 많이 출동하면 왜적이 반드시 알게 될 것이고 적게 출동시키면 우리가 도리어 적군에게 습격당할 것이오"라면서 마침내 출동하지 않았다. 이날 적장 가등청정은 과연 다대포 앞바다에 와서 서생포로 향하여 갔으니 실상은 가등청정이 소서행장과 서로 모의하고서 허약한 군병을 가장하여 우리의 수군을 유인하려는 계책이었다.[58]

그 당시 명나라와 일본 사이에서 강화를 추진하던 명나라 심유경沈惟敬 등이 "소서행장은 화의를 주장하고 가등청정은 전쟁을 주장하는데, 화의는 그들의 성심誠心에서 나왔다"고 하자 우리 조정에서는 그 말을 믿은 것이다. 가등청정은 일본 명장名將의 우두머리이고, 소서행장은 풍신수길의 중신重臣인데 설사 둘 사이에 이견이 있다고 해도 조선에 몰래 통교하여 가등청정을 넘겨줄 리가 있겠는가? 조선의 많은 조신들이 이 사실을 알게 되었으니 어찌 풍신수길의 귀에 들어가지 않을 수 있겠는가? 그들이 화의를 한다고 왕래한 것은 명나라 사람(심유경)의 뜻에 응한 체하면서도 실제는 명나라 군대와 조선 군대를 피로하게 만들어 일본 병졸을 휴식시키려는 교묘한 계책에서 나온 것이다. 그 후 재침을 단행해서 명나라 군대가 다시 나오면 일본군은 해변의 진지에 웅거하여 마치 주인의 자리에서 먼 데서 온 피곤한 손(명나라 군대)을 기다리는 형세가 되어 반드시 승전할 수 있다고 여긴 계책이었다. 그래서 당시 통신사로서 화의교섭에 참가한 황신은 선조에게 아뢰기를 "옛날부터 심모深謀 비계秘計가 적장에게서 나온 적은 없었습니다. 행장行長과 청정清正이 다른 의견이 있는 것은 보지 못하였으니 행장의 말은 믿을 수가 없습니다"[59]라고 했다.

왜적의 한 축인 소서행장이 일본군 전체를 궤멸시킬 계책을 조선에 전달한다는 것은 "옛날부터 심모 비계가 적장에게서 나온 적은 없었습니다"라는 황신의 말처럼 애당초 성립될 수 없는 것이다. 정세가 이와 같은데도 조정에서는 왜적의 간첩활동은 간파하지 못하고서 가등청정을 체포하지 못한 모든 책임을 이순신에게 돌려 그를 파면하고 대신 원균을 통제사로 임용하려고 움직였다.

그때의 어전회의 상황은 다음과 같다.


선조 : 적장賊將 행장行長이 청정清正을 도모할 계책을 제시했는데도 우리나라에서는 능히 이를 실행하지 못했으니 우리나라는 천하의 용렬한 나라이다. 한산도의 장수(이순신)는 편안히 누워서 모르고 있으니 어떻게 하겠는가?

윤두수 : 순신은 왜적을 두려워한 것이 아니고 실제는 나가서 싸우기를 싫어한 것입니다.

이산해 : 순신은 정운과 원균이 없기 때문에 이번과 같이 머뭇거리게

된 것입니다.

선조 : 지금에 와서 순신에게 청정의 머리를 베어오기를 바랄 수가 있겠는가? 다만 바다 길을 오르내리면서 전선을 거느리고 무위武威를 과시하는 일도 끝내 되지 않으니 진실로 탄식할 만한 일이다.[60]

윤두수 : 이순신이 조정의 명령을 따르지 않고 싸움에 나가기를 싫어하여 한산도에 물러와 지키고 있었기 때문에 이번의 큰 계책(가등청정을 잡는 계책)을 시행하지 못했으니 대소인신大小人臣들이 모두 통분痛憤하고 있습니다.

정탁 : 그렇다면 순신은 진실로 죄가 있습니다.

선조 : 이순신이 부산영釜山營을 태운 사실을 조정에 속여 보고했는데,* 영상(유성룡)도 여기에 있으니 이것은 절대 있을 수가 없는 이치다. 지금 비록 적장 청정의 머리를 베어가지고 오더라도 결단코 그 죄를 용서할 수가 없다.

유성룡 : 순신은 신과 같은 마을에 사는 사람이기 때문에 신이 소싯적부터 그를 알고 있어 직무를 잘 처리할 사람으로 여기고 있으며, 평일의 희망은 대장이 되는 것입니다. 그리고 성질이 강의强毅하여 남에게 굽히지 않기 때문에 신이 추천하여 수사水使로 삼은 것입니다.

---

* 도제찰사 이원익의 군관 정희현鄭希玄이 일찍이 조방장助防將으로서 적진 가까운 곳에 오래 머물고 있으면서 부산의 수군 허수석許守石을 자기의 심복으로 삼았다. 허수석은 그전부터 적중에 출입했고, 그 아우가 당시 부산영에 있으면서 왜적의 정세를 잘 알고 있으므로 정희현이 허수석과 계책을 정하여 시일을 약속하여 왜적이 주둔하고 있던 부산 진영을 몰래 불살랐다. 때마침 이날 이순신의 군관 안위安衛가 부산에 이르러 이 사실을 이순신에게 보고하면서 자신의 공처럼 말하자 이순신은 처음에 이런 사실을 알지 못하고서 조정에 보고했다. 결국 이순신은 자기의 군관 안위에게 속아 정희현과 허수석이 한 일을 안위가 한 것으로 조정에 보고했으니 허위 보고가 된 셈이다. 그러나 이를 두고 선조가 "청정의 머리를 베어오더라도 용서할 수 없다"라고 한 것은 이미 이순신에 대한 예단이 서 있음을 말해준다.(『선조수정실록』 권31, 30년 정월 초하루조)

윤두수 : 순신을 전라충청통제
사로 삼고 원균을 경상통제사로
삼는 것이 어떻겠습니까?[61]

이렇게 해서 원균을 경상우수
사로 삼게 되었다.

선조가 다시 별전에서 어전회
의를 열었을 때의 상황이다.

윤두수 : 순신의 죄상은 주상께
서도 깊이 살피시었는데, 이번
의 일은 일국의 인심이 모두 분
개하고 원망하고 있으니 이런
시기에 장수를 바꾸는 것은 비
록 어려운 일이지만 순신을 체

이산해 영정

직遞職시키시는 것이 좋을 듯합니다.

정탁 : 순신은 진실로 죄가 있기는 하지만, 위급한 시기에 장수를 바
꿀 수는 없습니다.

선조 : 내가 순신의 인품을 자세히 알지 못하지만, 성질이 조금 슬기
가 있는데도 임진년 이후에는 한 번도 왜적을 공격하지 않았으며, 이
번의 일은 하늘이 주는 기회인데도 취하지 않았으니 군율을 범한 사
람을 어떻게 번번이 용서할 수가 있겠는가. 오히려 원균으로 대신할
수가 있다.

이산해 : 임진년에는 원균의 공이 많다고 합니다.

유성룡 : 순신이 거제도에 들어가서 지켰더라면 영등포, 김해의 적병이 반드시 두려워했을 텐데 한산도에 오랫동안 웅거하면서 특별히 한 일도 없었으며, 이번 해로海路에서도 적병을 맞아 공격하지도 않았으니 어찌 죄가 없겠습니까만, 다만 장수를 체대遞代하는 동안에는 사세가 어려울 듯합니다.

이정형(이조참판) : 순신이 말하기를 "거제도에 들어가서 지킬 수가 있다면 진실로 좋겠지만, 한산도는 전선을 감추어두면 적병이 우리의 실상을 알지 못하는데 거제도는 공간은 비록 넓지만 전선을 감추어 둘 곳이 없으며 또 안골포의 적병과 서로 대치하고 있으니 안골포를 지나 거제도에 들어가서 지키는 것은 어려울 듯하다"고 하니 그의 말이 적당한 듯합니다. 또 원균은 임란 초기에 강개慷慨하여 공은 세웠지만 군졸을 돌보지 않았기 때문에 민심을 잃었으며, 경상도가 판탕板蕩하게 된 것은 모두 원균 때문입니다.

김수(호조판서): 부산영을 불사른 일은 이순신이 처음에 안위(이순신의 부하)와 비밀히 약속했는데도 타인이 경솔하게 앞질러 했는데, 순신은 도리어 자기의 공이라고 하지만 그 일은 자세히 알 수가 없습니다.

이정형 : 변방의 일은 멀리서 헤아릴 수가 없으니 천천히 처리하도록 해야 할 것입니다.

김수: 이것이 만약 실제의 일이라면 용서할 수가 없습니다.

유성룡 : 그의 죄가 그렇다면 죄를 인정하겠지만, 지금부터는 마음을 다잡아 힘쓰도록 해야 합니다.

윤두수 : 원균과 순신을 모두 통제사로 임명하여 그들로 하여금 협세

協勢하도록 하는 것이 좋겠습니다.

선조 : 두 사람을 나누어 통제사로 임명하더라도 반드시 조정調停하고 절제하는 사람이 있은 후에야 될 수 있겠다. 원균이 선두에 서서 싸움을 하는데도 순신이 물러나서 구원하지 않는다면 사세가 어려울 듯하다.

김응남 : 이런 일이 있다면 순신에게 중죄를 내려야 할 것입니다.

선조 : 원균에게 수군을 통솔하게 하는 일을 병조판서(이덕형)는 어떻게 여기는가?

이덕형 초상화

이덕형 : 그 사람(원균)이 하고자 한다면 신의 의향도 마땅하다고 여기지만, 순신과 원균이 서로 견제할 걱정이 있을 듯하니 반드시 중국 조정의 제도처럼 참장參將이 싸움을 하게 되면 독전督戰하는 사람이 있어야 합니다.

선조 : 반드시 모인某人이 조정하기 위해서 전적으로 가도록 하는 것이 좋겠다.

유성룡 : 한효순韓孝純을 시켜 독전하도록 하는 것이 좋겠습니다.

선조 : 할 만한 일은 빨리 하는 것이 좋으니 원균을 오늘 임명할 수가 있겠는가?

이덕형 : 원균을 통제사로 임명한다면 일이 혹시 성공하지 못할까 염려되니 경솔히 임명할 수는 없습니다. 자세히 살펴서 처리해야 할 것

입니다.

이산해 : 요시라와 행장을 중하게 대우하지 않을 수가 없으니 이 뒤에도 그들에게 오히려 바라는 것이 있을 것입니다.[62]

이러한 어전회의를 거쳐 선조는 비망기備忘記를 내려 "우리나라에서 믿는 것은 오직 수군뿐인데도 통제사 이순신은 나라의 중임을 맡고 있으면서 적장 청정을 놓아주고 토벌하지 않아서 태연히 바다를 건너오게 했으니 결국엔 순신을 잡아와서 국문하고 용서하지 않을 것이다" 하고는, 원균을 경상우수사 겸 통제사로 임명했다.[63]

이렇게 조정에서 통제사 교체를 결정할 무렵에도 이순신은 경상우병사, 경상우수사와 함께 전선 63척을 거느리고 2월 10일 해 뜰 때 장문포에서 출발하여 미시未時에 부산 앞바다에 닿아 왜적을 공격했고 왜적은 황급히 달아났다. 그 후 해가 저물 때 절영도에 물러와 정박했고, 12일에 배를 돌려 한산도 본진으로 돌아오다가 가덕도에서 또 왜적을 만나 이를 소탕했다.[64]

통제사 이순신이 파면 하옥된 경위를 『징비록』에서는 다음과 같이 기록했다.

수군통제사 이순신을 잡아 가두었다. 처음에 원균은 순신이 자기를 구원해준 것을 은덕으로 여겨 두 사람의 사이가 매우 좋았으나, 조금 후에는 공을 다투어 점점 사이가 좋지 않게 되었다. 원균은 성품이 음흉하고 간사하며, 또 중앙과 지방의 많은 인사들과 연결하여 순신을 모함하는 데 있는 힘을 다했다. 늘 말하기를 "순신이 처음에 내원來援

하지 않으려고 했는데 내가 굳이 청했기 때문에 왔으니 적군에게 이긴 것은 내가 수공首功이 되어야 할 것이다"라고 하였다. 이에 조정의 의논議論이 두 갈래로 나뉘어 각각 주장하는 것이 달랐다. 이순신을 천거한 사람은 나(유성룡)이므로 나와 사이가 좋지 않은 사람들(윤두수 형제, 이산해 등)은 원균과 합세하여 이순신을 매우 공격했으나, 오직 우상 이원익만은 그렇지 않은 점을 밝혔으며 또 말하기를 "이순신과 원균은 각각 자기 맡은 지역이 있으므로 처음에 곧바로 전진하여 구원하지 않았다고 해서 그것을 꼭 그르다고 할 수는 없다"라고 했다.

이보다 앞서 적의 장수 소서행장이 졸병 요시라를 경상우병사 김응서의 진영에 자주 드나들도록 해서 은근한 정을 보였는데, 이때 가등청정이 다시 나오려고 하자 요시라는 은밀히 김응서에게 "우리의 장수 행장이 '이번 화의가 이루어지지 못한 것은 가등청정 때문이므로 나(소서행장)는 그를 매우 미워하고 있는데, 아무 날에 가등청정이 반드시 바다를 건너올 것이니 조선 군사는 수전을 잘하므로 바다 가운데서 기다리고 있으면 능히 쳐부숴 죽일 수 있을 것이다. 결단코 이 기회를 놓치지 마라' 했습니다" 하였고, 김응서가 이 사실을 조정에 아뢰자 조정 의론은 이 말을 믿었다. 해평군海平君 윤근수는 더욱 좋아라고 날뛰면서 이 기회를 놓치기 아깝다 하여 여러 번 임금께 아뢰어 이순신에게 나가 싸우라고 잇달아 재촉했으나, 이순신은 적의 간계가 있을까 의심하여 여러 날 동안 주저하면서 나아가지 않았다.

이때 요시라가 다시 와서 "가등청정이 벌써 상륙해버렸습니다. 조선에서는 어째서 요격하지 않았습니까?"라고 하면서 거짓으로 후회하고 애석히 여기는 뜻을 보였다. 이 사실이 조정에 알려지자 조정 의론은 모두 이순신에게 허물을 돌리고, 대간에서는 이순신을 잡아와 국문하기를 청했다. 현풍 사람 전 현감 박성朴惺이란 자도 그때의 여론에 영합하여 소疏를 올려 "이순신을 참형에 처해야 합니다"라고 극단적으로 말하자, 드디어 의금부 도사를 보내 이순신을 잡아오게 하고 원균을 통제사로 삼았다.

임금께서는 오히려 이 일이 모두 사실이 아닐 것이라 의심해서 특별히 성균관사성成均館司成 남이신南以信을 보내 한산도로 가서 사찰하도록 했다. 남이신이 전라도에 들어가자 군사와 백성들이 길을 막고 이순신의 원통함을 호소하는 사람이 이루 헤아릴 수 없었으나, 남이신은 사실대로 보고하지 않고 "가등청정이 바다 섬에서 (암초에 걸려) 7일 동안 머물러 있었으니 우리 군사가 만약 갔더라면 가등청정을 잡아올 수 있었을 텐데 이순신이 머뭇거려 그만 기회를 놓쳐버렸습니다" 하니, 순신은 마침내 옥에 갇히게 되었다.[65]


그런데 그 당시 전국戰局의 추이를 살펴보면 이순신이 왜적의 사술詐術에 빠지지 않고 신중愼重하고 주밀周密한 행동을 취했음이 잘 나타난다. 이순신이 임진년(1592) 7월에 한산도에서 왜적을 섬멸하여 대승을 거둔 후, 9월에는 왜적의 근거지인 부산까지 추격하여 그들의 소굴을 소탕할 계획으로 이억기, 원균 등 제장들과 함께 부산까지 진출했다. 그러나 여러 번 패전한 왜적은 높은 곳에 올라가서 방포응전放砲應戰할 뿐 나와서 싸우지는 않았다. 그 후에도 왜적은 접전을 회피하고 산록山麓에 숨어서 나오지 않으므로 큰 전과를 거두지 못하고 돌아왔다. 게다가 계사년癸巳年(1593), 갑오년甲午年(1594) 무렵에 역질이 발생하여 수군이 많이 죽었으므로 그전처럼 힘차게 왜적을 공격할 수가 없었다. 또 육군이 협력해야만 육지에 숨어 있는 왜적을 몰아내어 소탕할 수가 있었으나, 이때 육군은 이를 실행할 수 있는 병력이 부족했기 때문에 협동작전을 수행하지 못하고 있었다.

또 한편 왜적은 본거지인 대마도에서 반일半日 가량이면 곧 부산에 도착할 수 있었지만, 우리 수군은 한산도 본진에서 거제도를 지나 부산까지 와서 공격해야 하니 작전행동이 왜적보다 불리한 형편이었다.

그리고 이 전란이 장기화되자 명나라와 일본이 강화교섭을 시작했는데, 이 교섭이 시작된 계사년癸巳年(1593) 11월부터 결렬된 병신년丙申年(1596) 12월까지 장장 3년 동안은 모든 군대가 전쟁을 일단 정지하고 있었으니 우리 수군(이순신군)만이 단독으로 큰 작전활동을 할 수 없는 상태였다.

이러한 전국의 형세를 우리 조정 당국자들은 상세히 알지도 못하고서 다만 이순신이 한산도에 물러나 있으면서 왜적을 토벌 섬멸하지 않는다며 불만을 품고 있다가, 마지막에는 이순신이 왜장 가등청정을 나가서 잡지 않았다는 왜적의 간첩활동에 속아 넘어가 이순신을 파면 하옥시키는 지경까지 이르게 되었다. 이러한 정세에서 영의정 유성룡도 이 부당한 거조擧措에 대해 강력하게 제지하지 못하고 있었다.*

이때 이순신이 왜적의 말을 듣고 가등청정을 잡으러 나가지 않은 것은 왜적이 원래 사술詐術이 많은 것을 알고 있었기 때문이다. 지난 계사년(1593) 정월에 명장明將 이여송이 평양을 수복한 후 일거에 서울까지 수복하려고 경병輕兵을 이끌고 경솔히 남진하다가 벽제관에서 왜군의 복병을 만나 큰 타격을 당하고 일시 후퇴한 실황을 이순신은 이미 알고 있었던 것이다. 그 당시 왜적은 패주하는 상황이었는데도 계략을 써서 명군의 예봉을 꺾었는데, 군대를 정돈하여 재침하려고 하는 때에 적군의 명장名將이 한 척의 배로 바다를 건너온다는 말은 도저히 믿을 수 없었던 것이다. 이순신이 말한 그대로 "해로가 간험艱險하니 왜적은 반드시 복병을 숨겨놓고 우리를 기다릴 텐데, 우리가 전선을 많이 출동하면 왜군은 반드시 알게 될 것이고, 적게 출동하면 우리가 도리어 왜군에게 습격당할 것"이기 때문이다.

이와 같이 이순신은 피아彼我의 정세를 숙지하는 '지피지기 백전백승'의 명장이므로 왜적의 사술을 간파하고 출동하지 않은 것이다. 만약 이때 왜장 간첩의 간계에 빠져 경솔히 출동했더라면 뒷날의 원균처럼 왜군의 유인작전에 휘말려 싸움다운 싸움 한번 해보지 못하고 일패도지一敗塗地하여 전군全軍을 복몰覆沒시키는 대참패를 초래했을 것이다.

정유년(1597) 3월 초4일에 이순신을 의금부 옥에 내려 가두게 하

---

* 이때 조정의 몇몇 대신들은 이순신이 왜적을 진공하지 않은 일에 대해 자못 불신하는 태도를 갖고 있었으며, 특히 선조는 부산영의 허위 보고 사건에 대해 이순신이 자기를 기망欺罔했다고 여겨 분노하고 있었다. 게다가 유성룡에 반대하는 당인(북인과 서인)들은 이순신의 사건을 기회로 삼아 유성룡까지 파면시키려는 계책을 꾸미고 있었는데 유성룡은 자기가 추천 임용한 이순신을 편든다는 혐의를 받고 있었기 때문에 강력하게 제지하지 못했다.

고 선조가 대신들에게 명하여 죄를 의논하게 했는데, 이때 이순신의
무죄를 주장한 사람은 영의정 유성룡*과 판중추부사 정탁뿐이었다.
정탁은 "순신은 명장이니 죽일 수 없으며 군기軍機(군사기밀)의 이해
는 먼 곳에서 헤아리기는 어려우니 그가 진격하지 않은 것은 반드시
의도가 없지는 않을 것이니 그를 용서하여 뒷날에 공을 이루도록 하
소서"** 하니 한 차례 고문을 한 후 사형을 감면하고 삭직削職 충군
充軍하도록 했다.(4월 초1일에 사령赦令을 받아 도원수 권율의 막하에 있도
록 했다.)

　이때 이순신의 노모는 고향인 충청도 아산에 있었는데, 이순신이
하옥되었다는 기별을 듣고 근심하고 두려워하던 끝에 운명하게 되
었다. 이순신은 옥에서 나와 아산을 지나다가 성복成服하고 난 후 곧
권율의 막하에 가서 종군했다.[66]

---

* 이 무렵 선조는 크게 노하여 이순신을 군법으로 처단하고 원균을 대체시키려고 하자 영의정 유성룡이
　선조에게 아뢰기를 "통제사는 이순신이 아니면 적임자가 없습니다. 지금 일이 위급한데도 장수를 바꾸
　어 한산도를 지키지 못한다면 전라도도 보전할 수 없을 것입니다"라고 하니 선조는 더욱 화를 내므로
　여러 신하들이 두려워해서 감히 말하지 못했다. 선조는 유성룡에게 명하여 나가서 경기 지방을 순찰하
　게 하고는, 재신宰臣들을 인견引見하고 이순신의 죄를 논정論定하게 하니 우찬성 최황崔滉이 그 결정에
　찬성하여 이순신이 마침내 죄를 얻게 되었다.(이때 우의정 이원익은 체찰사로서 영남 지방에 나가 있었
　기 때문에 이 결정에는 참여하지 못했다.)(『서애전서』 권2, 「연보」)
** 정탁이 이순신의 구명운동을 적극적으로 전개한 사실은 『약포집藥圃集』 권3에 수록된 「이순신옥사의
　李舜臣獄事議」와 권2에 수록된 「논구이순신차論救李舜臣箚」에 상세히 나타나 있는데, 그 내용이 모두
　간측懇惻(정성이 담김) 개절愷切(알맞고 절실함)하여 격앙된 선조의 마음을 진정 개오開悟시킬까 했다.
　「이순신옥사의」는 처음 수의收議할 적에 선조에게 입계入啓했고, 「논구이순신차」는 뒤에 준비한 것인데
　이를 올리기 전에 선조가 특명으로 처음 올린 「이순신옥사의」에 따라 사형을 감면시켰다.

원균은 선조 30년(정유년, 1597) 3월에 통제사로 부임하자 곧바로 조
정에 장계를 올려 "부산포에 있는 적병은 수만 명에 불과하고, 안
골포와 가덕도에 둔거屯據한 적병은 3~4천 명에 불과하니 육병陸兵
으로 구출해준다면 수군이 쉽사리 섬멸할 수 있습니다. 또 우리의
군병은 노약자를 제외하고도 정병 30만 명을 동원할 수가 있으니 4
~5월에 수군과 육군이 일제히 일어나서 적군과 한판 승부를 결정해
야 합니다"[67] 하자, 비변사에서는 그의 주장이 적절치 못한 점이 있
다는 사실을 알고 이를 체찰사(이원익)와 도원수(권율)에게 시급히 통
지하여 사세를 살펴서 처리하도록 주청했다.[68]

원균의 이러한 건의에 대해 도원수 권율은 안골포와 가덕도의 적

권율 초상화

세가 고단孤單한 것은 원균의 말과
같지만 경솔히 싸워서는 안 된다는
뜻을 담아 비밀히 장계를 올렸다.[69]
체찰사 이원익도 이 문제에 대하여
조정에 급히 장계를 올렸는데 그 요
지는 다음과 같다.

적병이 많이 도래하기 전에 우리가
일제히 나가서 결전하려는 것은 피
아의 병력을 살펴본다면 크게 우려
할 점이 있습니다. 도원수 권율도 우

리가 적군의 성책城柵을 공격하는 것은 결단코 할 수 없다고 하니 밤낮으로 생각해보아도 좋은 계책을 찾아낼 수가 없습니다. 오는 적병을 막아 죽이는 것도 수군만 믿고 있으나 근일에 수군은 한 번도 바다에 나간 적이 없으니 사세가 비록 그렇게 만들었지만 또한 매우 답답한 일입니다. 지금 권율과 숙의하여 경상 좌우도와 중도中道 삼처三處의 변진邊陣에서 정예병을 뽑아 거느리고 밖에 나온 왜적을 막아 끊도록 하고, 적병이 많이 나와서 침범한다면 우리도 나가서 초살勦殺해야만 할 것이나 군량의 보급이 제대로 안 되니 일이 모두 불편합니다. (……) 바다를 건너오는 적병은 통제사 원균과 상의하여 시행하겠습니다.[70]

선조가 이 장계를 비변사에 내리자 비변사에서는 이렇게 회계回啓했다.

병가兵家의 기회는 순간에 결단해야 하므로 그 진퇴의 완급은 주장主將이 어떻게 임기臨機하여 처리하느냐에 달려 있으니 멀리 조정에서 지령할 수는 없는 일입니다. 경상 좌우도와 중도 세 곳의 변진은 경주慶州·부산富山·공산公山의 세 산성을 말하는 듯싶습니다만 그 세 곳은 적진과 매우 멀어 군사들이 출입하면서 공격하기에는 편리하지 못할 듯합니다. (……) 해로海路를 차단하는 일은 전부터 힘써왔는데도 그 계책이 아직 한 번도 효과를 거두지 못하였으니 진실로 개탄할 만한 일입니다. 다시 수군에게 기회를 보아 진격하라고 공문을 보내는 것이 어떻겠습니까.[71]

이에 선조는 그대로 윤허했다. 그러나 통제사 원균이 이때 조정의 지령대로 움직이지 않은 것이 다음의 사료에 나타나 있다.

비변사의 장계에 "체찰사(이원익)는 대신이고, 도원수(권율)는 주장主將인데도 절제節制(지휘)하는 권한이 수군에게 시행되지 않으니 매우 놀랄 만한 일입니다. (……) 지나치게 왜적을 두려워하여 몸을 움츠려서 한산도 해상과 거제 등처에 깊이 숨어 배 한 척도 내어 왜적을 엿보지 않고 있다가 적선이 많이 몰려와 거제가 다시 적군의 굴혈窟穴(도둑의 근거지)이 된다면, 명나라 군대가 뒤에 나오더라도 형세를 어찌 할 수 없을 것입니다. 이런 뜻으로 다시 하유下諭하여 군법을 밝혀서 대사를 성공시키게 하소서"라고 하니 아뢴 대로 윤허하였다.[72]

통제사로 부임한 원균이 적군을 두려워하여 일체 나타나지 않는다는 보고였다. 도원수 권율도 장계를 올려 원균의 외축畏縮(두려워하여 움츠러듦) 부진不進한 상황을 다음과 같이 지적했다.

통제사 원균이 (육군이) 육로에서 안골포의 적병을 공격해주기를 핑계하고는 바다에 나가서 무위를 과시하여 오는 적병을 막는 일에는 관심이 없으므로, 신은 매우 분개함을 견디지 못하여 혹은 전령傳令으로 혹은 회송回送을 통해서 매우 꾸짖기도 했으며, 세 번이나 군관을 도체찰사에게 보내기도 하고 남이공南以恭이 또한 도체찰사의 명령을 받들어 한산도에 들어가서 재촉 독려한 후에야 마지못해서 6월 18일에 비로소 배를 출동시켜 대선, 소선 합계 100여 척이 가덕도 앞바다로 향하여 갔으니 이것도 남이공이 독촉한 힘이지 어찌 원균의 마음 이겠습니까. (……) 신은 우선 사천泗川에 머물러 해상의 소식을 기다리고 있습니다.[73]

도체찰사 이원익의 장계에는 "신의 종사관 남이공이 19일에 통제사 원균과 한 배를 같이 타고 부대를 나누어 안골포의 적굴賊窟로 진격하여 적선 2척을 빼앗았으며, 또 가덕도에 진격했으나 적병이 완강하게 저항하여 보성군수 안홍국安弘國이 탄환에 맞아 전사했다"[74] 는 내용이 들어 있다. 이때 선전관 김식金軾이 한산도의 사정을 탐지하고 돌아와 입계入啓한 내용은 다음과 같다.

7월 15일 2경更에 왜선 5~6척이 뜻밖에 밤에 와서 불을 질러 전선戰船 네 척이 모두 불에 타 침몰하자 제장들이 황급히 배를 움직여 간신히 결진했는데, 닭이 울 때 무수한 왜선이 세 겹, 네 겹이나 포위하므로 우리 수군은 대적할 수가 없어 고성 추원포로 물러나 둔屯치고 있었으니, 왜적의 기세가 대단하므로 우리나라 전선이 모두 불에 타 침몰하고 제장과 군졸들이 불에 타고 물에 빠져 다 죽었습니다. 신은 통제사 원균과 순천부사 우치적과 함께 빠져나와 육지에 내려왔는데, 원균은 늙어서 걷지를 못하고 벌거벗은 몸으로 칼을 짚은 채 소나무 아래에 꼼짝하지 않고 앉아 있었습니다. 신이 달아나다가 돌아보니 왜놈 6~7명이 칼을 휘두르면서 원균이 있는 곳에 이르렀으니 원균의 생사는 자세히 알 수가 없습니다. 경상우수사 배설裴楔과 옥포만호, 안골포만호 등은 간신히 목숨은 보전했으나 분탕焚蕩된 전선

에서 불꽃이 하늘까지 닿았습니다. 무수한 왜선이 한산도를 향하여 오고 있습니다.[75]

이때의 원균의 패전 상황을 『선조수정실록』에서는 다음과 같이 기록했다.

이보다 먼저 원균이 한산도에 이르게 되자 이순신의 약속(군대를 단속하는 법령)을 모두 변경하고 형벌이 법도가 없으니 병졸들이 모두 배반할 마음을 가지고 있었다. 권율(도원수)은 원균이 적군을 두려워하여 머뭇거린다는 이유로 불러와서 곤장을 치니 원균은 분노를 품고 떠나갔다. 마침내 수군을 거느리고 부산의 절영도에 이르러 여러 군대를 독려하여 진전進戰하니 적군은 우리 군대를 피곤하게 하려고 하여 우리 전선에 가까이 왔다가 문득 회피하였다. 밤은 점점 깊어가고 바람이 세차게 부니 우리의 전선은 사방으로 흩어져버렸다. 원균이 남은 전선을 거두어 가덕도에 돌아왔으나 사졸들이 매우 목이 말라서 다투어 배에서 내려 물을 찾고 있는데 적병이 갑자기 쑥 나와서 덮치니, 원균 등이 황급하여 어찌 할 줄 모르고 급히 배를 끌고 물러와서 고성의 추원포에 머물렀으나 적선이 많이 몰려와서 몇 겹으로 포위하였다. 원균이 언덕에 내려왔으나 적병에게 피살되었다. 이 싸움에서 전라우수사 이억기와 충청수사 최호崔湖 등은 전사하고 경상우수사 배설은 도망하여 죽음을 면하였다.[76]

이상의 기록을 검토해보면 원균은 통제사가 된 후 적군을 진격한다는 허세만 과장했을 뿐 실상은 적군을 두려워하여 진격하지는 못했으며, 뒤따라 도원수 권율의 독촉을 견디지 못하여 전군을 거느리고 부산포까지 진출했으나 적군의 유인작전에 휘말려 싸움다운 싸움 한번 해보지도 못하고 거제도 칠천량에서 적군의 기습을 받아 전군이 패몰되는 대참패를 당하고 말았다.

이러한 원균의 참패 보고(선전관 김식의 서계書啓)를 받은 선조는 대신과 비변사 당상을 인견하고 사후대책을 논의했다. 선조는 "수군의 전군이 패몰되었으니 지금은 어찌할 도리가 없다. 마땅히 명나라 도독과 안찰사의 아문衙門에 가서 이 사실을 알려야만 한다. 전군이 패몰된 것은 천운天運이니 어찌하겠는가. 척후를 두지 않았는가? 어찌 물러와서 한산도를 지키지 않았는가? 한산도를 굳게 지켜서 마치 호표虎豹가 산중에 있는 형세를 만들어야 하는데 마침내 (도원수가) 독촉해 나가게 해서 이런 패전을 초래했으니 이것은 사람이 한 일은 아니고 하늘이 실상 만든 일이다"라고 말했다. 이번 패전의 책임이 '임진역장臨陣易將', 곧 전쟁에 임해 통제사를 교체한 선조 자신에게 있음을 모면하려는 둔사遁辭를 늘어놓은 것이다. 그러고 나서 "우리나라는 위에 명나라 조정이 있기 때문에 반드시 적군의 소유가 되지는 않을 것이니 모든 일을 힘을 다하여 처리하라"고 여러 신하들에게 분부하고는, 이내 경림군 김명원과 병조판서 이항복의 주청에 따라 이순신을 다시 삼도수군통제사로 임명했다.[77]

# 3 명량해협의 대첩과 전국의 수습

정유년(선조 30년, 1597) 8월에 이순신이 다시 통제사로 기용된 후 무술년(선조 31년, 1598) 12월 노량해전에서 전몰할 때까지 약 1년 4개월 동안은 그가 공전空前의 침략전쟁인 임진왜란을 토평討平 종결시킨 최후의 결전시기였다. 정유년 8월의 명량대첩에서는 재침하는 적군의 기세를 꺾어 그들의 야욕을 좌절 말살시켰으며, 무술년 12월 노량해전에서는 퇴거하는 적군을 공격 섬멸하는 최후의 승리를 거두었다.

그런데 『인물한국사』의 저자 이모 씨는 이 대목에서 이순신이 통제사가 되었을 적에는 왜적이 물러가고 있었다 하고는, 뒤따라 그는 물러가는 적의 퇴로를 막고 명나라 군사와 연합하여 승전을 거듭했다고 하며, 결국 이순신은 들어오는 적이 아니라 물러가는 적과 싸우다 죽었다고 말함으로써[78] 이순신의 위적을 은폐하려는 중대한 죄과를 범하고 있다.

이모 씨의 논지대로라면 이순신은 정유년(1597) 8월에 통제사로 다시 기용된 후 아무런 전적도 없다가 무술년(1598) 12월에 스스로 퇴각하는 적군과 싸우다 헛되이 전사했다는 것이다. 이모 씨는 이순신이 통제사가 되었을 때는 왜적이 물러가고 있었다면서, 이순신이 정유년 9월에 재침하는 적을 패퇴하여 우리의 방어태세를 다시 확립한 명량대첩의 위공偉功을 은폐하여 세인의 이목을 속이려 한다. 이순신이 자퇴自退하는 적군과 싸우다 헛되이 전사했다고 말하는 것은, 임진왜란이 우리 국토를 침거侵據하고 우리 인민을 도륙屠戮하는

「명량해전도」(출처 : 지용희, 『경제전쟁시대 이순신을 만나다』)

가열苛烈 처참悽慘한 침략전쟁이라는 성격을 전연 파악하지 못하고 있는 무지의 소치다. 다음에 이것을 구체적으로 설명할 것이다.

정유년(1597) 7월에 원균의 패전으로 우리나라의 유일한 방어세력인 한산도의 수군이 괴멸되자 적병은 예정대로 전진하여 적장 가등청정이 부산의 서생포에서 서쪽의 전라도로 들어와 남원을 공격하려 했다. 그러자 도원수(권율) 이하 제장들은 모두 소문만 듣고 피해도망했다. 8월에 안음安陰의 황석산성을 함락시키자 현감 곽준郭逡과 전 함양군수 조종도趙宗道는 사절死節했으며, 9월에 남원을 함락시키자 명나라 총병 양원楊元은 달아나고 전라병사 이복남李福男, 남원부사 임현任鉉, 조방장 김경로金敬老, 광양현감 이춘원李春元, 명나라 장수 접반사接伴使 정기원鄭期遠 등이 모두 전사하고 말았다. 남원이 함락되자 전주 이북의 지방도 모두 뿔뿔이 헤어져 국사를 수습할 수 없게 되었다. 적군은 이긴 기세를 타서 한걸음에 북상하여 경기지방에 이르렀다.

이때 이순신은 통제사로 임명받자마자 진주를 거쳐 보성에 이르러 정병 100여 명을 얻고, 8월 18일에 회령포에 도착하여 경상우수사 배설이 가진 전선 8척을 수집했다. 조정에서는 수군이 고약孤弱(외롭고 약함)하다고 수군을 해체하고 육군에 합세하도록 지시했는데, 이순신은 "신이 수군을 버리고 육지에 올라간다면 적병은 서해를 경유하여 바로 북상할 것이니 그렇게 되면 서울이 위험하게 될 것입니다. 지금 신에게는 전선 12척이 남아 있으니 신이 죽지 않는다면 적군도 감히 우리를 업신여기지 못할 것입니다[今臣戰船 亦有十二 臣若不死 則賊亦不敢侮我矣]"[79]라고 말했다.

명량해협(울돌목). 이순신은 선조 30년(1597) 9월 정유재란 때 전라남도 진도 벽파정碧波亭 아래 명량해협에서 조수가 밀려오는 것을 이용하여 전선 12척으로 적선 30여 척을 쳐부수고 적장 마다시를 잡아서 죽임으로써 명량대첩을 승리로 이끌었다.

　이때 연해의 주민들이 배를 타고 피난한 사람이 수없이 많았는데, 이순신이 왔다는 말을 듣고 모두 기뻐하여 원근遠近 지방에서 많이 모여들자 이순신은 그들을 군대의 후방에 두어 형세를 돕도록 했다. 적장 마다시馬多時는 수전水戰을 잘하는 자로 전선 200여 척을 거느리고 서해를 침범하려고 했다. 이순신이 진도 벽파정碧波亭 아래 명량해협(울돌목)에서 기다리고 있다가 전선 12척에 대포를 싣고 조수가 밀려오는 것을 이용하여 물 흐르는 쪽을 공격하여 적선 30여 척을 쳐부수고 적장 마다시를 잡아서 죽이자 군대의 위세가 크게 떨쳤다.

　이해 9월에 적병이 경기 지방에 가까이 오게 되자, 명나라 경리經理 양호楊鎬가 평양에서 이 소식을 듣고 서울로 달려와 부총병 해생解生 등을 보내 직산稷山의 소사평素沙坪에서 복병하고 있다가 적군이 미처 전열을 정비하기 전에 돌격대를 보내 마구 공격하자 적병이 흩어져 달아났다. 이 때문에 적군은 소사평의 패전으로 더 전진하지 못하고 이순신의 명량대첩으로 서해 진출이 차단되자 다시 경기도에서 퇴각 남하하여 가등청정은 울산에, 소서행장은 순천에, 심안돈오沈安頓吾[도진의홍島津義弘(시마즈 요시히로)]는 사천에 주둔하게 되었는데 그 행렬이 700~800리나 되었다. 이때 내전內殿에서 병란을 피해 서도西道로 이주해 서울의 인심이 흉흉해졌으나 남방의 첩보捷報가 이르자 그제야 서울 안의 인심이 조금 안정되었다.

이듬해 무술년(선조 31년, 1598) 2월에 이순신은 고금도로 진영을 옮겼는데, 이때 군졸이 이미 8천여 명으로 늘었다. 그는 군량이 모자라는 것을 걱정해 '해로통행첩海路通行帖'을 만들어 연해에 통행하는 사람들에게 "대선은 쌀 3석, 중선은 쌀 2석, 소선은 쌀 1석을 바쳐야만 통행을 허가한다"라고 했다. 그런데 모두 쌀 바치는 것을 어렵게 여기지 않고 자유롭게 통행하는 것을 기뻐하여 쌀을 바치니 10일 동안에 군량 1만여 섬을 얻게 되었다. 또 백성을 모집하여 동철銅鐵을 싣고 와서 대포를 만들고 나무를 베어 배를 만드니 모든 일이 잘 처리되었으며, 원근 지방에서 피난한 사람들이 모두 이순신에게 의지하여 집을 짓고 장사도 하면서 생업을 영위하게 되었다. 따라서 섬 안에서 수용할 수 없는 형편이었다.

조금 후 7월에 명나라 수군 도독 진린陳璘이 군사 5천 명을 거느리고 나와서 남쪽의 고금도로 내려오자 이순신은 그와 병력을 합했다. 진린은 성질이 사나웠으나 이순신이 그를 잘 대접해주고 우리 군사가 잡은 적병의 수급首級을 모두 그에게 주자 진린은 이순신의 인격에 감복하여 선조에게 상언하기를 "통제사는 천지를 다스릴 재간과 세운世運을 만회할 만한 공로[經天緯地之才 補天浴日之功]가 있습니다"라고 칭찬했다.[80]

이때 적장 가등청정은 울산에서 소서행장은 순천에서 병영을 축조하고 있었는데, 명나라 도독 마귀麻貴는 울산에서 가등청정을 공격하고 제독 유정劉綎은 순천에서 소서행장을 공격했으나 모두 승리하지 못했다.

그런데 이해 7월에 왜적의 관백關白 풍신수길이 사망하자 조선에 있던 적장들은 모두 철귀撤歸(철수) 준비를 서둘렀다. 이때 이순신은 명군明軍 제독 유정劉綎과 도독 진린과 합세하여 순천에 있는 적장 소서행장을 수륙 양면에서 협공하기로 약속했으나, 유정은 행장이 보낸 총·검 등의 헌물獻物을 받고는 왜적을 치지 않고 그대로 돌려보낼 계획이었다. 이들 명나라 장수는 퇴귀退歸하는 적병을 굳이 공격하여 자국의 병력을 희생시킬 필요가 없었기 때문이다. 그러나 이순신은 이들 명나라 장수들과는 처지가 전연 달랐다. 7년 동안의 장기전長期戰으로 우리의 국토를 폐허로 만들고 우리의 인민을 도륙한 불공대천不共戴天의 수적讐賊이기 때문에 한 명도 그대로 돌려보낼 수 없는 처지였다. 그래서 이순신은 왜적과 최후결전을 앞둔 전날 밤 3경에 배 위에 꿇어앉아 하늘에 기원하기를 "이 원수를 제거한다면 저는 죽더라도 섭섭한 감정은 없겠습니다[此讐若除 死卽無憾]"라고 했다.[81] 옛날 중국 춘추시대에 진晉나라 군대가 진秦나라 군대를 격퇴한 '척륜불반隻輪不返'(수레 한 채도 돌려보내지 않음)[82]의 군공을 칭찬한 기록이 있듯이, 이순신은 불공대천의 원수인 침략자 왜군을 격멸하

관음포觀音浦. 이순신은 관음포로 도주하는 왜군을 추격하던 중 적군의 탄환을 맞고 쓰러지면서 조카 완에게 "싸움이 지금 급하니 내가 죽었다는 말은 절대로 하지 마라" 하고는 숨을 거두었다.

는 데 '편범불반片帆不返'(배 한 척도 돌려보내지 않음)하는 완전격멸의 전공을 거두려는 심경이었을 것이다.

　11월 19일, 이날은 우리 수군이 퇴귀하는 왜적을 격멸하는 최후의 결전이 전개된 날이었다. 이순신이 명나라 제독 유정을 달래어 순천에서 적장賊將 소서행장을 공격하게 하고 도독 진린과 함께 해구海口를 지키고 핍박하자 소서행장은 사천에 있는 심안돈오에게 구원을 청했다. 심안돈오가 해로로 와서 구원하자 이순신은 이를 공격하여 크게 부수고 적선 200여 척을 불사르고 적병을 죽인 것이 수없이 많았다. 그러나 이순신은 적군을 남해의 경계(노량진)까지 추격하여 몸소 독전하다가 날아오는 탄환에 가슴을 맞았다. 그는 조카 완莞에게 이르기를 "싸움이 지금 급하니 내가 죽었다는 말은 절대로 하지 마라" 하고는, 말을 마치자마자 숨을 거두었다. 조카 완이 이순신의 명령이라며 독전하여 적에게 포위된 진린을 구원하자 적병은 흩어져 달아났다. 이로써 7년 동안의 임진왜란은 멸적구국滅賊救國한 이순신의 운명과 함께 종말을 맺게 되었다.

# 6
## 원균과 이순신에 대한 사관의 논평

정유년(선조 30년, 1597) 7월에 원균이 거제 칠천량에서 패전하고 이 듬해인 무술년(1598) 4월에 선조가 작년 한산도 패전 당시의 수군 제 장들의 공죄功罪를 조사하여 군법에 따라 처결해야 한다고 하자, 비 변사에서 아뢰기를 "원균이 주장主將으로서 절제(지휘 통솔)가 어긋 나서 적군의 습격을 받아 전군이 패몰했으니 그 죄는 모두 원균에게 있습니다. 그러나 그 관하 제장들의 공죄도 조사하여 상벌을 시행하 여 군기를 바로잡아야 합니다" 하니 선조는 "원균 한 사람에게만 책 임을 지우지 마라" 하였다. 이 일은 이산해와 윤두수가 시켜서 그렇 게 된 것이기 때문이다. 이 기사 다음에 사관의 논평이 다음과 같이 기록되어 있다.

한산도의 패전에 대해 원균을 질형磔刑*에 처해야 하는데, 그 관하 장졸들을 모두 무죄로 인정하는 것은 무슨 이유인가? 원균은 인품이 추솔 강포强暴하고 무지한 사람이다. 처음에 이순신과 전공을 다투어 갖은 방법으로 없는 사실을 꾸며 속여서 순신을 내쫓고 대신 통제사가 되어 겉으로 큰소리 치면서 한 번 싸우면 적군을 섬멸할 것처럼 했으나, 지모가 다하여 싸움에 참패하자 배를 버리고 육지에 올라가서 사졸들이 모두 왜적에게 도륙당하게 했으니 당시의 죄는 누가 그 허물의 책임을 지겠는가. 한산도에서 한번 패전하자 호남 지방이 잇따라 함몰되고 호남 지방이 함몰되자 나라 일이 다시 수습할 수 없게 되었다. 그때의 일을 눈으로 직접 보니 가슴이 찢어지려 하고 뼈가 녹으려고 한다.[83]

이 사관의 논평은, 원균은 인품이 강포强暴하고 무지한 사람인데 이순신과 공을 다투어 갖은 방법으로 이순신을 무함하여 내쫓고 대신 통제사가 된 후 무모한 작전으로 전군을 패몰시켜 국사를 수습할 수 없게 만들었으니 그때의 일을 목격한 국민들은 가슴이 찢어지는 분노를 참을 수 없다는 것이 요지다. 반면 이순신에 대한 사관의 논평은 무술년(선조 31년, 1598) 11월 이순신이 노량해전에서 전몰한 후, 좌의정 이덕형이 그때 해전상황을 보고하는 장계 다음에 아래와 같이 기록되어 있다.

이순신은 인품이 충성하고 용감한 사람이었으며, 그 위에 재간과 지

---

* 시체를 찢어서 죽이는 형벌.

략도 뛰어났다. 군기를 확립하고 사졸들을 사랑했기 때문에 사람들은 모두 그를 기꺼이 따랐다. 전일에 통제사 원균이 탐욕이 많고 포악함이 지나쳐 군중의 인심을 아주 잃었기 때문에 사람들이 모두 배반하여 마침내 정유년 한산도의 패전을 초래한 것이다. 원균이 죽은 후에 순신이 그를 대신하여 통제사가 되었다.

순신이 처음 한산도에 와서 통제영을 설치하여 남은 병졸을 취합하고 병기를 조처 준비하고 둔전을 널리 설치하고 물고기와 소금을 판매하여 군량을 넉넉히 저축하니 몇 달 동안에 군대의 위세가 크게 떨쳐서 마치 호표虎豹가 산중에 있는 형세처럼 되었다. 그런데 지금 순천 예교曳橋의 싸움에서는 육군은 형세만 바라보면서 진격하지 않았으나, 순신은 명나라 수군과 함께 밤낮으로 혈전을 계속하여 적을 많이 죽였다. 어느 날 저녁에 왜적 네 명이 배를 타고 나가므로, 순신이 명나라 도독 진린에게 말하기를 "이것은 반드시 구원을 청하러 가는 왜병일 것이오. 나간 지가 벌써 4일이 되었으므로 내일 무렵에는 반드시 도착할 것이니 우리 군사가 먼저 가서 맞아 싸운다면 성공할 수 있을 것이오"라고 했으나 진린이 처음에는 허락하지 않으므로, 순신이 울면서 굳이 청하니 진린이 그제야 허락하였다. 드디어 명나라 수군과 함께 노를 저어 밤새도록 가서 날이 밝기 전에 남해의 노량진에 도착하니 적군이 과연 많이 몰려왔다. 그들은 뜻밖에 나가서 한참 동안 혈전하였다. 순신이 몸소 왜적을 쏘고 있는데, 왜적의 탄환이 순신의 가슴에 맞아 배 위에서 넘어졌다. 그의 아들이 울고자 했으나 군사들의 마음이 당황하고 있으므로 이문욱李文彧이 곁에 있다가 그의 울음을 그치게 하고는 옷으로 순신의 시체를 덮어서 가렸다. 드디

예교성 유적지. 전라남도 순천에 있다.

어 북을 치면서 나가서 싸우니 군사들은 모두 이순신이 죽지 않았다
고 여기고 기운을 내어 분발하여 적군을 냅다 치니 적군은 마침내 크
게 패전하였다. 이를 보고 사람들은 모두 죽은 순신이 살아 있는 왜
적을 쳐부수었다고 하였다.

그가 죽었다는 소식이 전하여 알려지자 호남 지방의 사람들은 통곡
하지 않은 이가 없었으니 비록 늙은 할멈과 어린 아이들까지도 모두
슬피 울었다. 그의 나라를 위한 단충丹忠(성심에서 우러나오는 충성)과 자
기 몸을 잊고 나라를 위해 죽은 의리는 비록 옛날의 양장良將(탁월한
장수)일지라도 이보다 낫지는 못할 것이다. 애석한 것은 조정에서 인
재를 임용함이 잘못되어 순신에게 그 재간을 마음껏 펴지 못하게 한
그 일이다. 만약 순신에게 병신, 정유년 무렵에 통제사를 체임遞任시
키지 않았더라면 어찌 한산도의 패전을 초래하여 전라도와 충청도
지방이 적군의 소굴이 되었겠는가. 아아 애석한 일이다.[84]

두 사관의 논평에서 두 장수에 대한 평가가 확연히 드러난다. 이순신은 인품이 충성 용감하고 재능과 지략도 있으며 군기를 확립하고 사졸들을 사랑했기 때문에 사람들이 모두 기꺼이 따르게 된 반면, 원균은 탐욕이 많고 강포함이 지나쳐 군졸들의 마음을 완전히 잃어서 사람들이 모두 그를 배반했기 때문에 결국 정유년(1597) 한산도의 패전을 초래했다는 것이다. 또 이순신의 장렬한 최후는 옛날의 양장이라도 이보다 낫지 못할 것이라고 했다. 끝으로 이순신을 체임遞任시켜 한산도의 패전을 초래하여 국사를 망칠 뻔한 책임은 선조 이하 당국자의 부당한 인사행정 때문임을 비판하고 있다.

이상에 인용한 사관의 논평은 이순신과 원균 두 장수의 인품을 같은 위치에 두고 논평할 수 없는 실상을 보여준다. 그럼에도 전란이 평정된 후 선무공신宣武功臣을 책정할 때 공신도감功臣都監에서 원균을 이등공신으로 녹정錄定하자, 선조는 비망기를 내려 원균이 감투한 전공과 그가 순국한 사실을 장황하게 칭찬하면서 군신群臣들의 반대를 물리치고 원균도 이순신·권율과 같이 일등공신에 녹정하도록 강요했다. 공신도감에서는 "원균이 처음에는 '무군장無軍將'으로 해상대전에 참가했고 뒤에는 수군을 전멸시킨 죄과가 있기 때문에 이순신·권율과 같이 일등공신에 병열시킬 수 없으므로 이등공신에 강록降錄했는데 지금 주상의 교지를 받들어 일등공신으로 승치陞置(올려서 배치함)합니다"라면서 선조의 명령을 거스르지 못하여 결국 원균도 일등공신으로 녹정하고 말았다.[85]

공신록정에 선조가 이렇게 강요한 동기는 선조 자신이 '임진역장臨陣易將' 곧 이순신과 원균을 체임시켜 원균으로 하여금 한산도의 패전을 초래케 한 책임을 무마하기 위해 원균을 일등공신으로 만듦으로써 자신의 실정과오를 모면하려는 의도였다. 그러나 원균이 비록 선무 일등공신에 녹정되었다고 하더라도 그가 전사한 한 가지 사실만으로 국가에 끼친 죄과는 결코 용서될 수 없으며, 이러한 사실은 원균을 일등공신으로 녹봉한 기사 밑에 기록된 "원균은 주함을 침몰시키고 군사를 해산시킨 죄가 매우 컸다[元均 沈舟艦 散遣軍卒之罪 甚大]"라는 사관의 논평이 증명한다.

이러한 사관의 논평 이외에 또 두 장수의 행적에 대해 쓴 기록이 있는데 이순신을 천거 등용한 영의정 유성룡이 쓴 『징비록』과 원균의 일을 목격한 의병장 조경남이 쓴 『난중잡록』이다. 『징비록』에서는 맨 끝부분에 이순신의 행적을 이렇게 기술했다.

순신은 그 선대부터 강관講官·장령掌令 등의 벼슬을 하면서 조정의 기강을 바로잡은 강직불굴하는 가풍이 있었다. 순신은 소시부터 영특하고 활달하여 사물에 아무 구속도 받지 않았다. 무과로 벼슬길에 나갔으나 권세가에 붙어서 승진하기를 희망하지 않았으며 정도正道에 어긋나면 직속상관에게도 직언을 하여 대항했으며, 의금부옥에 갇혔을 때도 뇌물을 써서 살기를 구하지 않았으니 그의 지조를 지킴이 이와 같았다. 말과 웃음이 적고 용모는 단정하여 근신하는 선비와 같았으나 그의 뱃속에는 담기膽氣가 있어 자기 몸을 잊고 국난을 위해 목숨을 바쳤으니 이것은 평소의 수양이 그 바탕이 되었기 때문이다. (……) 재간은 있어도 명운이 없어서 가졌던 재간 백 가지 중에 한 가지도 시행하지 못하고 죽었으니 아아 애석한 일이다.[86]

이순신을 천거 등용하여 임진 국난을 함께 극복한 유성룡이 그의 뛰어난 재간을 알아주고 그의 장렬한 순국을 애타게 슬퍼했던 마음을 이 기록에서도 엿볼 수 있다.

『난중잡록』에는 이순신의 죽음을 슬퍼하는 시구가 다음과 같이 실려 있다.

6년 동안 한산도에서 범의 위엄을 지녔으니

몇 번이나 거북선은 적의 소굴을 갈겼던가

언성偃城 금패金牌는 붕거鵬擧*를 소환했는데

하상河上의 외로운 군사는 위공**을 돌아오게 하였네

세 번이나 벽파진에서 이겨 생전에 절개를 다하였고

하루아침 와도瓦島에서 죽어 충성을 바쳤네

깃발을 휘두르고 북을 울리며 산을 두고 맹세한 말은

영웅에게 물려주어 눈물이 한없이 흐르게 하였네

六載閑山擁虎態 幾時龜船剪狐叢 偃城金牌招鵬擧 河上單師返魏公

三捷碧波生盡節 一朝瓦海死輪忠 揮旗鳴鼓盟山說 留與英雄淚不窮


조경남은 윤계선尹繼善의 『달천몽유록達川夢遊錄』*** 중 '원균을

---

* 남송의 명장 악비의 자.
** 남송의 추밀사 장준.
*** 선조 33년(1600) 중춘仲春에 파담坡潭 윤계선이 충주에 가서 지난 임진년에 신립이 패전한 자취를 회상하는 시 세 편을 썼는데, 복명復命한 지 몇 달이 되기 전에 황해도 강음현감으로 좌천되었을 때 어느 날 밤 꿈에 임진·정유 왜란에 전몰한 27명 영령들이 나타난 사실을 적은 기록이다. 이 작품의 체재는 백호白湖 임제林梯가 쓴 『원생몽유록元生夢遊錄』에 나오는 단종 때 충신인 사육신의 사실을 기록한

배척하여 좌석에 참석하지 못하게 한 내용'에 대하여 의문을 가지면서 몇 가지 감회를 덧붙였다.

어찌 이 좌석에 참여한 사람만이 모두 충의의 인사이고, 참여하지 못한 원균은 불충한 사람이겠는가, 원균은 전사했으니 그 당시 관망하다가 퇴주退走하고 투생偸生(생명을 훔침) 구활苟活(구차하게 삶)한 사람보다는 낫지 않겠는가, 전란 후 논공할 때 원균도 선무 일등공신에 참록參錄되었으니 왕법王法이 공평함을 볼 수 있다.[87]

근년에 우리 사회에 이순신과 원균의 선악 공과를 구명한 몇몇 문사文士의 논저*가 나왔는데, 원균에 대한 논평은 옛날 사관의 논평과 거의 같은 내용이다. 이 문제에 관심을 갖는 사회 인사들에게 일독을 권한다.

---

것과 비슷하다. 그 내용은 충무공 이순신이 대장격으로 상좌에 앉고, 좌좌左座에 고경명, 최경회, 김제갑, 임현, 송상현, 김련광, 김여물, 김천일, 조헌, 우좌右座에 황진, 이복남, 김시민, 유극량, 신립, 이억기, 이영남, 정운, 남행南行(음관)의 자리에 심대沈垈, 정기원, 신할申硈, 윤섬尹暹, 박지朴篪, 이경류, 고종후, 고인후, 하좌下座에 승장僧將 영규 등 26명의 영령들이 차례대로 충무공 앞에서 각자의 원정冤情(원통한 실정)을 시구로 호소하고 있는데, 최후에 이장군李將軍(이순신)은 추연怵然한 기색으로 자기의 회포를 토로했다. 이 자리에서 화답한 시구를 배석한 파담(윤계선)에게 위촉하여 쓰도록 했다. 이때 원균만은 안색이 흙빛이 되어 엉금엉금 기어서 왔으나, 거제현 칠천량에서 전몰한 영령들이 그를 비웃고 배척하여 참석하지 못하게 하자 원균은 팔을 걷어붙이고 분격하여 긴 한숨만 쉬고 있을 뿐이라는 것이 이 작품의 줄거리다. 이 작품은 원균의 패전이 그만큼 그 당시 일반 국민들에게 거부감을 불러일으켰음을 반영한 것이라 할 수 있다.(「난중잡록」 권4, 경자년庚子年 9월조)

* 최석남崔碩男, 「구국의 명장 이순신」 상·하권, 교학사, 1992. 이 책에서는 이순신·원균 관계와 그 당시의 전투상황, 해전도 등이 상세히 기록되어 있다.

정두희鄭杜熙, 「이순신 연구」, 「한국사학논총 下」, 일조각, 1994. 이 논문에서는 이순신과 원균의 불화관계를 상세히 서술하고, 특히 이정일이 원균을 옹호한 부당한 논리를 명쾌하게 비판했다.

송우혜宋友惠, 「원균 그리고 원균」, 「월간중앙」, 1994. 12. '원균은 복권될 수 없다'는 논설의 저자 고정욱이 이순신을 헐뜯고 원균을 옹호한 사실 외곡한 내용을 신랄하게 변박했다.

7

글을 마치며

이상에서 현재 우리 사회의 일부 인사(이모 씨와 고모 씨)가 이순신과 원균의 사적을 거론하면서 역사의 진실을 외곡해 국민의 이목을 현혹시키고 역사인식을 오도하게 한 진상을 구명해보았다. 이것을 요약하면 다음과 같다.

『인물한국사』의 저자 이모 씨는, 첫째 이순신과 원균의 출세경력을 서술하면서 다 같이 무과에 급제한 후 북방의 오랑캐를 토벌했는데도 원균은 공을 세워 부사府使라는 높은 관직을 얻고 빨리 출세하여 1592년 임진왜란이 발생하기 3개월 전에는 경상우수사에 임명 부임한 반면, 이순신은 별로 공을 세우기 못했기 때문에 미관말직에 머물러 있다가 40대 중반에 와서 겨우 정읍현감이 되고 뒤에 영의정 유성룡에게 발탁되어 임진왜란이 발생하기 1년 2개월 전에 전라좌수사의 높은 관직을 갑작스레 받았다고 했다. 이것은 이순신이 성격

원균의 무덤. 임진왜란 때 경상우도 수군절도사로 여러 차례에 걸친 크고 작은 해전에서 큰 승리를 거둔 원균은 이순신을 모함하여 하옥시키기도 했으며, 1597년 칠천량해전에서 전사했다. 경기도 평택에 있다.

이 강직하여 권세가에 아부하여 출세를 희망하지 않은 사실과 오랑캐 토벌에 공을 세웠는데도 병사(이일)의 방해로 군직을 빼앗기고 백의종군한 사실을 모르거나 일부러 모른 체하는 말이다.

둘째, 임진왜란이 발생하자 경상우수사로 있던 원균이 전라좌수사 이순신에게 위급한 정세를 알리면서 구원을 청했는데, 이순신이 편의종사便宜從事의 권한을 사용하여 즉시 달려오지 않고 조정의 명령을 받은 후에 출동한 것은 뒤탈이 없도록 하는 철저한 보신책에서 나왔다고 하면서, 원균은 적진에 돌진하는 용감한 장수로 부각하고 이순신은 적진에 쉽사리 진격하지 않고 주저 퇴피하는 장수로 묘사했다.

이것이 이모 씨가 이 논설을 구성하는 주지主旨다. 그렇다면 적침 초기에 수많은 병기와 전선을 침몰시키고 군병을 흩어버리고 육지에 올라 도주하려 한 원균은 과연 적진에 돌진하는 용감한 장수이며, 적정을 세밀히 정찰한 후 침착하게 출동해 옥포해전과 한산도대첩에서 승리를 거두고 후일 원균이 패전한 후 다시 통제사로 기용되어 12척의 전선을 이끌고 300척의 적선을 맞아 싸워 노량대첩에서 승리를 거둔 이순신이 과연 보신책에 치중하여 퇴피만 일삼는 장수인가.

셋째, 최초의 옥포해전에서 경상·전라 연합함대의 주장은 원균이고, 이순신이 일부 작전에서 원균의 지휘를 받아야만 했으며, 이 작전에서 이순신이 원균의 공을 가로채어 주장 원균보다 한 등급 높은 계급에 임명되어 결국 이것이 두 장수의 불화의 원인이 되었다고 한다. 이것은 그 당시 작전상황을 전연 파악하지 못하고서 다만 원균을 옹호하는 당시 당국자의 주장만 맹종한 의론이다.

실제 이 옥포해전의 상황을 살펴보면 원균은 경상우수사로 본곳의 장수이지만 단지 전선 7척(관하管下 장령선 포함)만 거느린 상황이기 때문에 앞에서 함대를 인도하여 적선을 공격하는 선봉장적 구실을 한 것에 불과했으나, 이순신은 평소 준비해둔 대소 전선 85척과 많은 관하 장령을 인솔하고 경상·전라 연합함대를 통솔 지휘한 주장이었다. 이런 사실은 당시 비변사가 논공 보고에서 "이번 전첩의 공은 이순신이 주도했기 때문에 원균은 가자할 필요가 없다"라고 회답한 것이 증명한다. 따라서 이순신이 원균보다 높은 계급을 받은 것은 당연한 일이다.

넷째, 왜적과의 화의가 결렬되자 적장 소서행장(화의파)이 우리 조정에 밀고하기를 "나와 반목 관계에 있는 가등청정(주전파)이 한 척의 배를 타고 건너오니 조선 수군이 나가 잡으라"고 했다. 이미 조정에서는 이 일을 이순신에게 맡겼으나 이순신은 왜적의 모략일 것이라고 예측하여 출전하지 않았다. 그러나 이모 씨는 소서행장의 말은 오늘날 사실로 드러나고 있다면서 이순신이 출동하지 않은 것은 커다란 실수로 결국 정유재란을 초래하고 말았다고 말했다.

하지만 이것은 삼척동자라도 왜적의 간계임을 파악할 수 있는 일인데, 이순신 같은 명장이 어찌 이런 간계에 속아 넘어가겠는가? 일본의 으뜸가는 맹장인 가등청정이 허술하게 한 척의 배를 타고 바다를 건너오겠는가? 이때 경상좌도 방어사 권응수權應銖가 "이 달 13일에 왜선 150여 척이 다대포에 와서 정박했으니 곧 청정이 바다를 건너온 소식입니다"라는 장계를 봐도 소서행장의 말이 거짓임이 증명된다. 그런데도 왜적의 간첩작전에 속아 넘어간 당시 조정에서는 '항명종적抗命縱賊' 곧 왕명을 거역하고 적장을 놓아 보냈다는 죄명으로 이순신을 하옥시키고 원균을 대신 통제사로 임명했다. 이모 씨의 논지는 그 당시 원균을 옹호하던 선조 이하 정부 당국자들의 편향된 주장을 그대로 계승 대변하여 세인의 역사의식을 오도하려는 것이다.

다섯째, 이모 씨는 이순신이 통제사가 되었을 때는 왜적이 물러가고 있었다고 주장했다. 이순신은 물러가는 적을 명나라 군사와 연합하여 승전을 거두었다는 것이다. 이 대목은 이모 씨가 무슨 이유 때문인지 앞뒤에 일어난 사실을 전혀 고증하지 않고 써내려갔는지 모르겠지만 통제사로 다시 기용된 후 명량대첩의 위공을 세워 모든 전국戰局이 재정돈되는 과정을 슬쩍 은폐하여 세인의 이목을 속이려는 수법이다. 이 대목은 이모 씨의 역사연구 방법이 얼마나 허장 미혹

된 지경에 도달했는지 여실히 반증한다.

『원균 그리고 원균』의 저자 고모 씨는, 그 책의 대부분이 위에 거론한 이모 씨의 논지를 자극적이고 충격적인 어법으로 확대 재생산한 것에 불과하다. 그는 이순신이 원균의 공을 가로챘다는 비방을 책의 표제에 써서 이순신을 부도덕한 인물로 외곡 부각하고는 시종일관 원균은 용감한 장수로, 이순신은 비겁한 장수로 묘사한다. 심지어 이순신이 노량해전에서 장렬한 최후를 마친 사실을 두고 이순신이 자신의 죄과를 알기 때문에 자살하고 말았다는 무방誣謗까지 하고 있으니 이런 부류의 책은 그다지 책망할 가치조차 없다.

따라서 이 두 사람의 저작을 비평하면, 이모 씨는 '맹인모상盲人摸象'* 곧 장님이 코끼리를 더듬어 만지듯이 생각이 혼란하여 사물의 진상을 분명히 분간하지 못하는 부류이고, 고모 씨는 '맹인기할마盲人騎瞎馬'** 곧 장님이 외눈박이 말을 타고 캄캄한 밤에 깊은 못가에 가듯이 그저 닥치는 대로 좌충우돌하면서 위험이 극도에 달했는데도 자신은 깨닫지 못하는 부류다. 그런데도 현재 우리 사회는 이런 주장들이 마치 새로운 발견이나 되는 듯 방송 등에서 부추기고 있으

---

* 불가의 말로 장님이 코끼리를 만지는 격으로 모든 중생의 무명無明을 비유한 말이다. 코끼리의 어금니를 만진 자는 그 모양을 무뿌리 같다고 하고, 귀를 만진 자는 키와 같다고 하고, 다리를 만진 자는 절구 같다고 하고, 등을 만진 자는 평상 같다고 하고, 배를 만진 자는 항아리 같다고 하고, 꼬리를 만진 자는 노끈 같다고 하니, 코끼리의 참모습은 알지 못하고 자신이 만진 일부분의 꼴만 가지고 비슷한 물체를 억측해 말한다는 뜻이다.

** '맹인기할마 야반임심지盲人騎瞎馬 夜半臨深池'의 줄인 말이다. 장님이 외눈박이 말을 타고 밤중에 깊은 못가를 가듯이, 장님이 그저 닥치는 대로 마구 부딪쳐 위험한 곳으로 돌진하면서 자신은 이를 깨닫지 못함을 비유한 말이다. 고모 씨는 이모 씨의 망론을 그대로 인용하여 과장 부각하고, 특히 이이의 십만양병설이 이이의 「만언봉사」에 있다는 모대학 이모 교수의 위설僞說을 그대로 인용하고 이순신이 한산도에서 읊은 시가 「한산섬 달 밝은 밤에」를 뒷날 명량해전 때 읊었다더니 하는 등 오류투성이의 논지가 무려 수십여 곳이나 되니 그야말로 장님(고모 씨)이 외눈박이 말(이모 씨 등)을 타고 밤중에 좌충우돌하면서 위험한 곳으로 마구 달리는 격이다.

「노량해전도」 (출처 : 지용희, 『경제전쟁시대 이순신을 만나다』)

니 이는 문자 그대로 '이매자희魑魅自喜' 곧 도깨비가 제 옆에서 사람이 감시하고 있는 줄도 모르고 저희들끼리 좋아서 날뛰는 꼴불견의 한심스러운 세태라고 할 수 있다.

오늘날 우리들이 지나간 역사를 회고해보면, 임진 국난을 극복한 그 당시 문무관의 위인 중에서도 가장 탁월한 인물은 문신으로는 서애 유성룡이요, 무신으로는 충무공 이순신이라고 말할 수 있다. 이 두 위인은 전국戰局에 대처하는 의식과 역량이 다른 분보다 훨씬 뛰어났기 때문이다.

전란 초기에 국왕 일행이 서울을 떠나 북방으로 피난하는 도중, 개성에서 선조가 국난 타개의 방안을 몇몇 대신에게 물었을 때의 일을 『선조실록』은 이렇게 전한다.

어떤 이는 의주로 피란했다가 사태가 위급해지면 곧바로 압록강을 건너 요동으로 가서 명나라에 복속해야 할 것이라는 방안을 개진하였고, 어떤 이는 북도(함경도)는 군사가 강하고 함흥과 경성鏡城 등의 험준한 땅이 있으므로 이를 믿고 북도로 피란하는 것이 좋겠다는 방안을 개진했으나, 유성룡은 "주상께서 우리 땅을 단지 한 걸음이라도 떠나신다면 조선은 우리의 소유가 안 될 것입니다" 하고는, "지금 동북의 여러 도道들은 예전과 같고 호남 지방의 충신 의사들이 며칠 안에 벌떼같이 많이 일어날 것인데 어찌 경솔히 나라를 버리고 압록강을 건너가는 일을 의논하겠습니까" 하고서, "외세外勢에 의뢰하지도 않고 또 험준한 지세에만 의존하지 말고 우리 국민의 총력을 발휘하여 왜적을 격퇴해야 합니다"라는 방안을 개진했다.[88]

그 당시 왜적과 대진하고 있던 이순신의 전국戰局 대처방안도 서애 유성룡과 같은 점이 있었다.

이순신은 이때 정미精米 500섬을 따로 저장해두고 쓰지 않았는데 어떤 사람이 그 용도를 묻자 "주상께서 의주에 계시는데 그곳에서 왜적의 공격을 받아 다시 다른 곳으로 피난할 처지가 못 된다면 그때 마땅히 용주龍舟(임금이 타는 배)를 가지고 바다에 떠서 주상을 맞이해야 하므로 그때 이 정미를 쓸 것이다"라고 대답했다.[89] 곧 정미 500섬을 가지고 최악의 경우에 우리 정부를 해상에서 모실 때의 대비용으로 저장해둔다는 것이다.

이와 같이 유성룡과 이순신은 전국 대처방안도 비슷했으며, 우리 정부가 끝까지 우리 땅에 버티고 있어야만 왜적을 격퇴하고 국토를 수복할 수 있다는 국가대계를 확립하여 제반작전을 수행했다. 그러나 원균이 이순신과 공을 다투고 시기하며 유성룡을 견제 방해하는 몇몇 조신들이 원균을 편들고 이순신을 배제하여 결국 무함 하옥하게 했다. 그러나 원균은 자업자득으로 왜적에게 유인되어 패사敗死하고, 이순신이 재기 분전奮戰하여 국가를 멸망의 위기에서 다시 회복시켰다.

실제 원균은 그 당시 체찰사 이원익이 지적했듯이 전진戰陣에서 돌격장수의 구실밖에 할 수 없는 사람인데도 전군全軍을 통솔 지휘하는 통제사의 중책을 맡겨서 결국 '절족복속折足覆餗'*하는 실패를 초래

---

* 솥발이 부러져서 솥 안의 음식물이 엎질러진다는 뜻으로, 소국小局의 사람에게 큰 임무를 맡기면 그 중 임重任을 견디지 못하여 결국 나라를 뒤엎게 됨을 비유한 말이다.(『역경』「정괘鼎卦」"九四 鼎折足 覆公餗 其刑剭 凶")

하고 말았다. 이것은 선조 이하 당국자들이 이순신을 시기 배제하고 원균을 편신중용偏信重用하여 '임진역장臨陣易將'(전투에 임해서 장수를 바꿈)하는 죄과를 범해 전군을 패몰시킨 패배를 초래한 결과다.

이순신과 원균의 이와 같은 사적이 우리 국사에 소상히 기재되어 있는데도 오늘날 우리 사회의 몇몇 무지 몽매한 사람이 사실을 외곡하여 국민의 역사의식을 현혹 혼란시키고 있다. 이러한 작태는 국민의 의분을 촉발하는 한심스러운 현상이다.

그런데 세상은 본래 치세보다는 난세가 많고, 인간은 진리를 믿기보다는 사술詐術에 미혹되기 쉬운 듯하다. 우리나라의 근세 실학자인 연암 박지원朴趾源(1737~1805년)은 명저 『열하일기』의 「호질문虎叱文」에서 범의 입을 빌려 "의원과 무당이 사기 잡술로 인명을 살상하는 범죄보다도 천박 고루한 문사가 함부로 붓대를 놀려 과거 인물의 시비와 선악을 비평 외곡하여 저승에 있는 당사자의 혼령을 통곡하게 하는, 그들의 무자비한 잔혹성이 가장 증오하는 대상이라"라고 인간사회의 허위 잔인성을 꾸짖었다.

지금 우리 사회에서 박지원의 「호질문」에서 범이 가장 증오하는 죄과를 범한 사이비 군상들은 이 범이 인간사회를 꾸짖는 문장을 반복 음미한다면 자신도 모르게 등골이 오싹해지고 식은땀을 흘리게 될 것이다.

# 1부 • 사육신, 유응부인가 김문기인가

1) 「조선일보」 1977년 7월 27일.

2) 『정조실록』 권32, 15년 2월 병인조丙寅條 "文貞公 南孝溫 (……) 嘗作六臣傳曰 吾豈惜死 沒大賢名乎."

3) 『세조실록』 권2, 원년 윤6월 을묘조乙卯條 "世祖與右議政韓確 左贊成李思哲 (……) 會于賓廳, 議曰: "惠嬪楊氏尙宮朴氏 錦城大君瑜 漢南君𤥽 永豐君瑔 同知中樞院事趙由禮 護軍成文治等謀亂 黨與旣衆 不可忽也 於是合司啓請曰 錦城不懲前事 猶潛結武士 厚施黨與 (……) 念惟宗社大計 豈宜以私廢公 請亟明正其罪 從之 (……) 命義禁府配楊氏于淸風 尙宮朴氏于靑陽 瑜于朔寧 𤥽於禮安 瑔于寧越 收由禮告身囚之 又收文治."

4) 『세조실록』 권1, 원년 윤6월 을묘조乙卯條 "(……) 令宦官田畇 傳于確等曰 予幼沖不知中外之事 致姦黨竊發 亂萌未息 今將以大任 傳付領議政 確等驚惶曰 今領議政悉摠領中外諸事 復傳以何大任乎 畇以啓 魯山曰 予自前日已有此意 今乃計定 不可改也 其速辦諸事 (……) 魯山手執寶授世祖 世祖辭不獲受之."

5) 『연려실기술燃藜室記述』 권3, 世宗朝故事本末 設集賢殿賜暇讀書 "上勵精文治 二年庚子 始置集賢殿 選文士十人充之 後增三十員 又改二十員 十人帶經筵 十人帶書筵 專任文翰 討論古今 朝夕論思 文章之士 彬彬輩出 得人甚盛."

6) 『추강집秋江集』 『육신전六臣傳』 "朴彭年 世宗朝登第 與成三問等 嘗在集賢殿 見重於上."
『추강집』 『육신전』 "河緯地 (……) 嘗在集賢殿 侍講經幄 多所補正."

7) 『세종실록』 권103, 26년 2월 병신조丙申條 "命集賢殿校理崔恒 副校理朴彭年 副修撰申叔舟 李善老 李塏 (……) 詣議事廳 以諺文譯韻會 東宮與晉陽大君瑈 安平大君瑢監掌其事 皆稟睿斷 賞賜稠重 供億優厚矣."

8) 『추강집』 『육신전』 "英廟晩年有宿疾 屢幸溫泉 常令三問及朴彭年 申叔舟 崔恒 李塏等便服在駕前 備顧問 一時榮之."

9) 『증보문헌비고增補文獻備考』 권221, 직관고職官考 8 「홍문관弘文館」 "文宗在儲宮時 沈潛學問 或月夜 手持一卷 臨集賢殿直廬 與之問難 時成三問等 夜不敢輒解衣帶 一日夜半 呼謹甫而至 三問驚惶顚倒而拜 聖學之勤 好士之篤 誠千古所罕聞也."

10) 『문종실록』 권3, 즉위년 9월 무오조戊午條 "王世子始開書筵 與師賓 行相會禮 師河演 (……) 左文學李塏 右文學梁誠之 左司經柳誠源 右司經李克堪 (……) 進講小學 (……) 上乃命之曰 今以爾等 爲世子侍學 且令世子 待以朋友之禮 爾等亦視如朋友 毋畏縮不盡言也 其於經書義理 古今格言 從容詳說 使有開悟 因命日入侍講."

11) 『연려실기술』 권4, 端宗朝故事本末 六臣謀復上王 "時叔舟在 上前 三問叱之曰 昔與汝同直集賢殿 英陵抱元孫 逍遙庭中曰 寡人千秋萬歲後 爾等須念此兒 言猶在耳 汝豈忘之耶

不意汝之惡 至於此極矣."

12) 『연려실기술』文宗朝故事本末 文宗 "召集賢殿諸臣 秉燭論難 至夜分膝下置 手撫其背曰 予以此兒付卿等 遂賜酒 上亦降御榻平坐 先執爵 如成朴及叔舟皆在至醉而群公皆仆 上 前不省人事 上命中宮 撤取門楣 作擔以次興出 列臥于入直廳 是夜大雪 諸公醒醒 則異 香滿室 渾身覆以貂皮裘 乃上手覆也 相與涕泣 誓報殊恩 厥後叔舟 去就如彼."

13) 『추강집』 「육신전」 "兪應孚武人也 雄勇善射 英廟文廟 皆愛重之 位至二品."

14) 『추강집』 「육신전」 "方光廟之受禪也 勝以都總管入直 聞禪位事 送奴政院數問 三問不答 久之 三問起如廁 仰天太息曰 事畢矣 奴以白勝 勝亦太息 促馬歸家 奴竊仰視之 涕淚如 泉 卽告病 臥一室不起 家人亦不得見面 惟三問來 辟左右與語."

15) 『세조실록』 권1, 원년 7월 계유조癸酉條.

16) 『세조실록』 권2, 원년 10월 을묘조乙卯條 "奏聞使金何奉勅 回自大明 其勅曰 (……) 朕念 爲政在人 得人而後國安 今姑允王讓叔李瑈權署國事 復勅諭王 王須審察 瑈果平日爲人 行事合宜 國人所信服是實 卽馳來 朕更爲王處置 毋受惑於姦諛 墮其詐計 致有不靖 王 其愼之 王其愼之."

17) 『세조실록』 권2, 원년 10월 병인조丙寅條 "(……) 瑈旣權署國事 措置得宜 國內寧靖 果合人心 惟名分不可一日不定 伏望早錫冊命 以正名號 以定民志 一國幸甚."

18) 『세조실록』 권2, 2년 2월 임인조壬寅條.

19) 『세조실록』 권3, 2년 2월 임진조壬辰條 "諭八道觀察使曰 年十三歲以上 十九歲以下 穎 悟火者 簡選上送."

20) 『세조실록』 권3, 2년 2월 갑진조甲辰條 "傳于集賢殿曰 今明使出來 國家多事 明皇誠鑑 就本殿出註 勿別開局 姑停修撰六典."

21) 『세조실록』 권3, 2년 2월 을사조乙巳條 "傳于承政院曰 我朝一品官 準中朝三品 其胸背 不可無別 (……) 今明使將至 其令禮曹考定等殺 織造以賜應服者."

22) 『세조실록』 권3, 2년 2월 경신조庚申條 "命都承旨朴元亨 迎慰奏聞使申叔舟于弘濟院 叔 舟來復命 上引見于思政殿 世子及當直諸將 承旨等入侍 上下床 賜叔舟酒曰 昔日同行萬 里 又再同盟 今克成大事 喜可量乎 極歡而罷."

23) 『세조실록』 권3, 2년 2월 경신조庚申條.

24) 『세조실록』 권3, 2년 4월 기미조己未條 "上幸慕華館 迎 詔敕曰 (……) 封爾爲朝鮮國王 代主國事 爾宜恪守臣節 益堅事大之誠 永固藩邦 毋忝嗣王之讓 其令弘暐仍以爵閑居 爾 須常加優待毋忽."

25) 『세조실록』 권3, 2년 4월 기미조己未條.

26) 『세조실록』 권3, 2년 4월 병인조丙寅條.

27) 『세조실록』 권4, 2년 5월 갑신조甲申條 "上與魯山 宴尹鳳等于慶會樓."

28) 『세조실록』 권4, 2년 6월 기해조己亥條 "上與魯山 宴明使于昌德宮."

29) 『세조실록』 권4, 2년 6월 을사조乙巳條 "義禁府啓 朴彭年 柳誠源 許慥 等 自去年多與成 三問 李塏 河緯地 成勝 兪應孚 權自愼 結薰謀反(……)."

30) 『세조실록』 권4, 2년 6월 경자조庚子條.

31) 『세조실록』 권4, 2년 6월 계묘조癸卯條.

32) 『세조실록』 권4, 2년 6월 갑진조甲辰條.

33) 『세조실록』 권4, 2년 6월 을사조乙巳條.

34)『세조실록』권4, 2년 6월 병오조丙午條.

35)『세종실록』권124, 31년 6월 초하루 정묘조丁卯條 "示咸吉道都節制使金允壽 慶源節制使 兪應孚 令起復赴任."

36)『세조실록』권1, 원년 7월 임신조壬申條 "兪應孚 安崇直 禹孝剛 同知中樞院事."

37)『세조실록』권4, 2년 5월 병오조丙午條 "命知中樞院事成勝 齎宣醞魚肉 詣太平館 慰尹鳳 等 初鳳等 不受畫奉杯 屢遣承旨請之 鳳等固辭 承政院啓曰 或五日 或十日 特命宰相或 宦官 或承旨 齎宣醞往饋之 從之."

38)『세조실록』권3, 2년 4월 갑인조甲寅條 "御慶會樓下 觀射宗親宰樞承旨等入侍 擇宰樞有 武才者 李澄石 尹巖朴薑 兪應孚 李守義 洪允成 朴居謙 閔發等 (……) 射侯較勝負."

39)『세조실록』권2, 원년 12월 정묘조丁卯條 "傳旨議政府曰 僉知中樞閔發 (……) 錄原從功 臣一等."
  『세조실록』권2, 원년 12월 정묘조丁卯條 "傳曰 發位至宰相 且有原從之功 不可以疑似 禁身."

40)『육신전』「유응부」"(……)白上曰 如欲問情外事 問彼豎儒."

41)『세조실록』권4, 2년 6월 계유조癸酉條.

42)『세조실록』권4, 2년 6월 을사조乙巳條.

43)『세조실록』권4, 2년 6월 병오조丙午條 "文起時爲都鎭撫 與彭年 三問謀曰 第汝等在內 成事耳 我在外領兵 雖有違拒者 制之何難."

44)『증보문헌비고增補文獻備考』권226, 직관고職官考 13「오위도총부五衛都摠府」"本朝 太宗九年 罷三軍府 爲鎭撫所 隷於兵曹 率禁旅 輪番宿衛 都鎭撫五員 鎭撫十員 (……) 因時增減 皆以他官兼."
  『문종실록』권13, 2년 5월 병오조丙午條 "酉時 上薨于康寧殿 (……) 政府使兵曹判書閔 伸 都鎭撫鄭孝全 趙惠 率內禁衛 守含元殿各門 分守諸門."
  『세조실록』권4, 2년 6월 신해조辛亥條 "都鎭撫黃致身 奉石柱."

45)『육신전』「유응부」"顧謂三問等曰 (……) 請宴之日 吾欲試劍 汝輩固止之曰 非萬全計 以致今日之禍."

46)『세조실록』권4, 2년 6일 경자조庚子條 "(……) 三問曰 (……) 汝婦翁 人皆以爲正直."

47)『육신전』「박팽년」"應孚猶欲擧事 彭年 三問固止之曰 今世子在本宮 公之雲劍不用 天也."

48)『세조실록』권52, 13년 5월 기미조己未條 "遣藝文檢閱金文起 奉安太祖 恭靖 太宗實錄于 忠州史庫."
  『세조실록』권3, 2년 4월 갑신조甲申條 "御慶會樓下觀射 宗親宰樞承旨等入侍 (……) 澄 石啓曰 工曹判書金文起左參贊姜孟卿 雖儒善射侯 請令射之."

49)『세조실록』권7, 3년 3월 병술조丙戌條 "兪應孚抱川田 賜右贊成申叔舟 (……)."

50)『육신전』「유응부」"(……) 應孚性至孝 凡可以慰母心者 無所不爲 與弟應信 俱以射獵 名世 (……) 母嘗往抱川田莊 兄弟從行 於馬上翻身仰射 雁應弦而墮 母大喜 (……) 無 子有二女."

51)『정조실록』권29, 14년 2월 을축조乙丑條 "司直徐有隣白上曰 故忠臣兪應孚抱川人也 其 遺墟 邑人尙今指點 應孚事親孝 日操弓矢 獵雉以供甘旨 故重臣李縡記其事 立碑表之."

52)『세조실록』권7, 3년 3월 병술조丙戌條 "(……) 金文起沃川田 賜坡平君尹巖 (……) 金 文起沃川田 李塏韓山田 賜禮曹判書洪允成."

53) 『세종실록』권108, 27년 5월 병인조丙寅條 "前守奉常寺尹金文起 遭繼母喪 在沃川 咸吉道都節制使朴從愚薦以爲都鎭撫 文起上書曰 臣母早歿 年方十三 育於繼母 恩義至重 臣以獨子 不顧喪事 遠赴遐方 實爲痛悶."

54) 『단종실록』권2, 즉위년 7월 신묘조辛卯條 "金宗瑞遺瑢詩曰 大空本寂寥 玄化憑誰訊 人事苟不差 雨暘由姒順 隨風着桃李 灼灼催花信 沾濡及麥隴 率土均澤潤 此宗瑞密促 瑢收人心謀反耳."

55) 『단종실록』권7, 원년 9월 임오조壬午條 "韓明澮 權擥 洪達孫 楊汀 柳洙 柳河等來謁 約以十月初十日擧義."

56) 『세조실록』권4, 2년 6월 병오조丙午條 "(……) 三問性躁進 自以重試居魁名在人先 而久滯於提學參議 其父勝素昵於瑢 曾爲義州牧使 殺人落職 收告身科田 瑢語其黨曰 勝最附於我 如有變當立我馬前者 乃啓請還給 是語播聞於人 三問以是自疑 彭年以女壻瑠 故每懼及 緯地嘗被譴鬱怨 塏 誠慮以秩卑鬱鬱 思欲進達 遂相與深結 汲汲往還 情迹詭秘 人皆訝之 文起與朴彭年 爲族親且密交 文起時爲都鎭撫 與彭年 三問謀曰 第汝等在內成事耳 我在外領兵 雖有違拒者 制之何難."

57) 『세조실록』권4, 2년 6월 정미조丁未條 頒赦敎書 "(……) 近者餘黨李塏 包兇稔惡 思欲釋憾 唱謀作亂 其徒成三問 朴彭年 (……) 同惡相扇."
『세조실록』권4, 2년 6월 계해조癸亥條 "傳旨吏曹曰 右贊成鄭昌孫 成均司藝金礩 今告李塏等逆謀 昌孫進一級 礩超三級."

58) 『세조실록』권4, 2년 6월 을미조乙未條 "義禁府啓 朴彭年 柳誠源 許慥等 自去年冬 與成三問 李塏 河緯地 成勝 兪應孚 權自愼結黨謀反."
『세조실록』권4, 2년 7월 무진조戊辰條 "臺諫啓曰 (……) 今逆賊彭年等 潛通瑢等 相與爲援."

59) 『세조실록』권9, 3년 10월 신해조辛亥條 "領議政鄭麟趾等 上疏曰 魯山前日之變 罪關宗社 口不可言 瑜包藏禍心謀爲不軌 死有餘辜 (……) 伏望殿下斷以大義 明正典刑 以副臣民之望 上命瑜賜死 (……) 魯山聞之 亦自縊而死 以禮葬之."
『현종실록』권16, 10년 정월 기해조己亥條 "(……) (宋)時烈又曰 魯山君之遇害 無人收視 郡吏嚴興道 卽往哭臨 自備棺槨 而歛葬之 卽今所謂魯墓是也 興道節義 人至今稱之."

60) 『연산군일기』권30, 4년 7월 병오조丙午條 "馹孫曰 (……) 李塏 崔淑孫相語事 朴彭年等事 金淡往河緯地家 謀以危邦不居事 李尹仁與朴彭年相語事 世廟惜其才欲生之 遣申叔舟諭之 皆不從就戮事 幷以聞諸故進士崔孟漢."

61) 『연산군일기』권30, 4년 7월 정미조丁未條 "馹孫供史草 (……) 宗直未釋褐 嘗感夢作弔義帝文 以寓忠憤."

62) 『연산군일기』권30, 4년 7월 병오조丙午條 "(……) 馹孫曰 臣史草所記 皇甫 金死之云者 臣意以謂死節故也."

63) 『육신전』「박팽년」"彭年 (……) 與三問及三問父勝 兪應孚 河緯地 李塏 柳誠源 金礩 權自愼等 謀復上王."

64) 『연산군일기』권30, 4년 7월 병오조丙午條 "傳曰 汝於成宗實錄 記世祖朝事 其直言之 馹孫曰 臣何敢隱 (……) 所傳聞之事 史官皆得以記 故臣亦書之 (……) 所傳聞之事 左丘明皆書之 故臣亦書之."

65) 『인종실록』권2, 원년 4월 신축조辛丑條 "(……) 知事鄭順朋曰 節義不可遽興 必待培養

而後 有所振作 夢周 三問等 在當時 不得已加罪 是非自定於後日之公論."

66) 『율곡전서』『석담일기石潭日記』"成廟朝 金宗直啓成三問忠臣 成廟色變 宗直徐曰 幸有
　　變故則臣當爲成三問 成廟色乃定."

67) 『성종실록』권91, 9년 4월 을사조乙巳條 "幼學南孝溫上疏曰 (……) 餘禍所及 昭陵見廢
　　二十餘年 冤魂無依 臣不知 文宗在天之靈 肯獨享綸祀焄嘗哉 (……) 命示承政院 都承旨
　　任士洪啓曰 (……) 追復昭陵 此臣子所不得議 今孝溫擅議之 亦不可也 傳曰 昭陵今不
　　當復議之 (……)."

68) 『연산군일기』권31, 4년 8월 기묘조己卯條 "柳子光啓 南孝溫軒名秋江 金宗直許與氣岸
　　以能詩稱之 孝溫 宗直之黨."

69) 『중종실록』권56, 10년 11월 기해조己亥條 "御朝講 (……) (閔)壽元曰 今世無節義之士
　　培養節義 當自上爲之 節義 國之本根 爲國者 當固其根本 欲固其根本 則當先振作士氣
　　也 上曰 崇尙節義 以培養根本則可矣 如成三問 朴彭年等事 當問于大臣 (……) (奇)遵
　　曰 成三問 朴彭年之類 於 世祖爲賊 於魯山爲忠臣 其時則不得已加罪 今則有何嫌焉
　　(……) 成三問 朴彭年 至今以亂臣目之 安有如此悶鬱之事乎."

70) 『연산군일기』권35, 5년 10월 계사조癸巳條 "尹弼商等又啓 (……) 近來我國能文之士所
　　著詩文 命皆印出 南孝溫詩文亦命印 然孝溫金宗直門徒 行又詭異 自號秋江居士 有輕世
　　之志 今不可幷印其詩文 從之 (……) 弼商等 嫉宗直 以及其徒 爲此說以沮之."
　　『중종실록』권13, 6년 4월 갑자조甲子條 "御夕講 參贊官李世仁曰 今當右文興學之時 凡
　　事不可不備擧 成宗朝敎養文士 人材大盛 (……) 金時習 南孝溫 雖非中科第 亦一時文士
　　其文章遺稿 皆沈泯不傳 後之人何據而知 一時文章之盛 (……) 右數人之子孫 必有先人
　　遺稿 請搜括編集 開刊傳播甚當 上曰 前者已命搜編右人等集 開刊矣 然可更命垂刊也."

71) 『인종실록』권2, 원년 4월 신축조辛丑條 "御朝講 侍講官韓澍曰 (……) 魯山昏弱 宗社岌
　　岌 天命人心 皆歸世祖而卽位 此乃爲宗社大計 而出於不得已 厥後成三問 河緯地 朴彭
　　年 兪應孚 李塏 柳誠源等 謀亂伏誅 蓋忠義之士 多出於如此之時 彼六臣在當時 當蒙大
　　罪 論其本心 則爲舊主也."

72) 『선조수정실록』권10, 9년 6월 초하루 임술조壬戌條 "上御經筵 判書朴啓賢入侍 仍言 成
　　三問眞忠臣也 六臣傳 是 南孝溫所著 自上取觀 則可知其詳也 上卽命取 六臣傳 看 乃大
　　驚下敎曰 言多謬妄 誣辱先祖 予將搜而悉焚之 且治偶語其書者之罪 後日領議政洪遑入
　　侍 極言六臣之忠 辭甚懇切 聞者惻然 上亦霽威而止."

73) 『율곡전서』권29, 『경연일기 2』"謹按六臣 固是忠節之士矣 非當今之所宜言也 春秋爲國
　　諱惡 此亦古今之通義也 朴啓賢輕發非時之言 幾致主上有過擧 可謂懍不解事矣."

74) 『숙종실록』권38下, 29년 10월 을유조乙酉條 "慶尙道幼學郭億齡等 上疏曰 伏以礪世之
　　道 莫先於尙節義 尙節義 莫大於崇景祀 (……) 在端廟遜位之日 其死而全節者 有若成
　　三問 朴彭年 李塏 河緯地 柳成源[柳誠源]兪應孚六臣 其生而守義者 有若元昊 金時習
　　李孟專 成聃壽 南孝溫曁趙旅 六人 彼成 朴等六臣 葬連其壟 享同其廟 則此六人 亦當視
　　其例而並祀之 (……) 命下該曹."

75) 『세종실록』권127, 윤정월閏正月 임술조壬戌條 "以金文起 爲兵曹參議 (……) 文起女壻
　　李孝敬之子 孝敬素有狂疾 其妻淫亂 私通弟夫順平君群生 又通其奴 憲府聞而欲劾之 因
　　文起事遂寢 人謂文起亦通焉."
　　『단종실록』권2, 원년 8월, 10월 을미조乙未條 "司憲府啓曰 昨日被罪人 請並籍沒家産

追奪告身 金文起女事 國人皆知之 刑曹非他曹例 文起不宜爲參判 命議于政府."

『세조실록』권2, 원년 8월 임자조壬子條 "持平安重厚將本府議啓曰 (……) 且金文起女子 李蕃妻 曾奸林重敬 事覺被劾 今授文起工曹判書 以不能齊家之人 列於六卿可乎 (……)."

76) 『인종실록』권2, 원년 4월 신축조辛丑條 "侍講官韓澍曰 厥後成三問 河緯地 朴彭年 兪應 孚 李塏 柳誠源等 謀亂伏誅 蓋忠義之士 多出於如此之時 彼六臣在當時 當蒙大罪 論其 本心 則爲舊主也 (……) 世祖於六臣 豈不嘉之 然危疑之際 不得不加罪 以鎭人心而已 故曰 當代之亂臣 後世之忠臣 正恐忠義之名 泯滅於後來 故爲此微言 以爲人臣懷二心者 戒也."

『숙종실록』권38下, 29년 1월 을유조乙酉條 "慶尙道幼學郭億齡等 上疏曰 (……) 在端廟 遜位之日 其死而全節者 有若成三問 朴彭年 李塏 河緯地 柳成源[柳誠源]兪應孚六臣."

『영조실록』권127, 52년 3월 영조 행장조行狀條 "行狀曰 東萊多士疏言 壬辰死節人 宋象 賢文也 鄭撥武也 不可同享一祠 請二之 王曰 兪應孚豈不是武 同享六臣祠 不可以武而 貶其節也 斥不納."

『정조실록』권54, 24년 4월 갑오조甲午條 "京外儒生金鍾眞等 上疏曰 粤在端廟朝 有若 忠正公朴彭年 忠文公成三問 忠烈公河緯地 忠穆公兪應孚 忠簡公李塏 忠景公柳誠源 世所稱六臣也 此六臣 卽我國之夷齊 皇朝之方 景也 是以 世祖大王 已許以萬古忠臣."

『순조실록』권14, 11년 4월 기사조己巳條 "京畿儒生李維濟等 疏略曰 端宗朝六臣 故忠 正公朴彭年 忠文公成三問 忠簡公李塏 忠景公柳誠源 忠烈公河緯地 忠穆公兪應孚 危忠 卓節 昭載國乘."

77) 『정조실록』권32, 15년 2월 병인조丙寅條.

78) 『추강집』『육신전』"(……) 光廟親鞫問叱之日 若等何爲反我 三問抗聲曰 欲復故主耳 (……) 三問之爲此者 天無二日 民無二王故也."

79) 『정조실록』권54, 24년 4월 갑오조甲午條 "(……) 噫 彼六臣之精忠大節 實無異同 而朴 彭年之一縷血屬 幸而不絶 近又蕃昌 則足可見仁天不食之理."

80) 『한국사대관韓國史大觀』(개정판), 동방도서, 1983년, 284~285쪽.

81) 『알기 위한 우리 역사』上, 대광서림, 411쪽.

82) 『한국사韓國史』, 아세아문화사, 1987년, 149쪽.

83) 『한국유학사략韓國儒學史略』, 아세아출판사, 1986, 93쪽·115쪽.
『한국유학사韓國儒學史』, 아세아출판사, 1987년, 149쪽.

84) 『백촌 김문기 연구白村 金文起硏究』, 동방도서, 1995년, 이현희 38쪽, 김진우 288쪽.

85) 『백촌 김문기 연구』, 김후경 168쪽·170쪽.

86) 『백촌 김문기 연구』, 이현희 27쪽, 조종업 124쪽, 허명 205쪽, 김진우 260쪽.

87) 『백촌 김문기 연구』, 이현희 55쪽, 김진우 349쪽, 유영박 460쪽·513쪽.

88) 『백촌 김문기 연구』, 김진우 324쪽.

1) 『한국사대관』, 1983년, 338~339쪽 참조.
2) 『율곡전서栗谷全書』 「연보年譜」, 을유문화사, 598~599쪽 참조.
3) 『우산집牛山集』 권6, 「임진기사壬辰記事」 "萬曆壬辰夏四月 日本賊大擧入寇 先是十年前 栗谷李先生珥 與鵝溪李山海 東岡金宇顒 西厓柳成龍諸公 同入經筵 栗谷啓曰 國勢不振 久矣 前頭之禍 不可不慮 請養兵十萬 都城二萬 諸各道一萬 以備緩急 不然而恬嬉度日 玩愒成習 一朝變起 不免驅市民而戰 大事去矣 左右無一人贊揚 西厓之以臨事好謀 沮之 (……)."
4) 『영조실록』 권121, 12월 갑신조甲申條 "(……) 古人云 李文靖直聖人 年少之臣 亦多在此 異日必見國事之日非矣."
5) 『율곡전서』 권34, 부록2 「연보」 "甲子四年(인조 2년) 八月 贈諡曰文成."
6) 『징비록』 권2, 「연보」 "三十年年 丁未(선조 40년) 五月六日戊辰時 終于寢."
7) 하성재, 『임당집臨堂集』 잡지雜識 「영선수식瀛先隨識」.
8) 『연려실기술』 권18, 「선조조고사본말宣祖祖古事本末」 宣祖朝儒賢 李珥篇 "嘗於延中 請 豫養十萬兵 以備緩急 (……) 到今見之 李文成眞聖人 (……) 栗谷 行狀."
9) 『우산집牛山集』 권6, 「임진기사」.
10) 『회재집晦齋集』 권7, 「일강십목소一綱十目疏」.
11) 『선조수정실록』 권7, 6년 11월 정축조丁丑條.
12) 『선조수정실록』 권8, 7년 정월 초하루 정축조丁丑條.
13) 『율곡전서』 권30, 『경연일기 3』, 선조 14년 2월조.
14) 『율곡전서』 권30, 『경연일기 3』, 선조 14년 4월조.
15) 『율곡전서』 권30, 『경연일기 3』, 선조 14년 10월 신축조辛丑條.
16) 『선조수정실록』 권16, 15년 9월 초하루 병진조丙辰條 "以李珥 爲議政府右參贊 俄進階崇 政 珥三辭不許 乃拜命 俄上封事 極陳時弊 其疏略曰 (……) 昔者 諸葛亮曰 不伐賊 王 業亦亡 惟坐而待亡 孰與伐之 臣亦曰 不更張 邦國必亡 惟坐而待亡 孰與更張 更張而善 則社稷之福也 更張而不善 亦非促亡 只與不更而亡者一般耳 殿下雖有愛民之心 而不施 安民之政 徒善無法 民不見德 此所以民窮於積弊者也 (……) 今者民散兵銷 倉廩匱竭 恩 不下究 信義掃地 脫有外侮侵犯邊陲 頑民弄兵潢池則無兵可禦 無粟可食 無信義可以維 持 未知於此 殿下將何以應之耶 (……) 若積弊之可祛者 則今難枚擧 愚臣之每達于經席 者 是改貢案 省吏員 久任監司 三者耳."
17) 『선조수정실록』 권16, 15년 9월 초하루 병진조丙辰條 "上以其封事 示入侍諸臣曰 右贊成 自前每有此論 予則以爲至難 不知更張如何 左右不能對 掌令洪可臣對曰 此是當今急務 也 上曰 有說乎 對曰 比之此殿屋 本是祖宗所創 若歲久頹敗 則其可曰祖宗所創之字 不 可修改 而坐視其頹敗乎 必須鳩材聚工 朽者改之 毀者補之然後 方得重新 更張之策 何 以異此 上然之 副提學柳成龍聞之 翌日進箚 極論珥所論不合時宜 其議遂格 洪可臣詣 成龍 成龍詰其附會珥論 可臣曰 公果以更張爲非乎 成龍曰 更張固是 但恐其才不能辦 此事也."
18) 『율곡전서』 권38, 부록6 「제가기술잡록諸家記述雜錄」.
19) 『선조수정실록』 권16, 15년 9월 초하루 병진조丙辰條.

20) 『율곡전서』 권38, 부록6 「제가기술잡록」.

21) 『율곡전서』 권38, 부록6 「제가기술잡록」 952쪽.

22) 『회재집』 권7, 「일강십목소」.

23) 『선조수정실록』 권16, 15년 9월조.

24) 『선조수정실록』 권16, 15년 9월조.

25) 『선조수정실록』 권17, 16년 정월 초하루 을묘조乙卯條 "兵曹判書李珥 引疾乞遞 不許
(……) 上答曰 (……) 卿昔以更張改紀 前後慣慣 是卿之所志也 卿誠能出奇運謀 革盡流
弊 作爲養兵之規 於國家幸矣."

26) 『선조수정실록』 권17, 16년 2월 초하루 갑신조甲申條 "兵曹判書李珥入對 陳時務六條 一
曰 任賢能 二曰 養軍民 三曰 足財用 四曰 固藩屛 五曰 備戰馬 六曰 明敎化 上 下其章
于備邊司曰 此疏辭爲國之誠至矣 予亦有一言以蔽之曰 上自公卿 下至士大夫 不爲關節
簡請之私 則可無爲而治矣 其所謂任賢能在此 養軍民在此 足財用在此 固藩屛在此 備戰
馬在此 明敎化在此 不然 良法美意 更無所施, 而雖日更舊法 恐其無益 徒自勞耳."

27) 『선조수정실록』 권17, 16년 4월 초하루 임자조壬子條.

28) 『선조수정실록』 권17, 16년 6월 초하루 신해조辛亥條.

29) 『선조수정실록』 권17, 14년 12월 초하루 신묘조辛卯條 "無氷 副提學柳成龍 上疏陳時事
曰 修實德 以答天心 嚴內外 以肅宮禁 審治體 以立規模 重公論 以整朝綱 覈名實 以用
人材 恢公道 以杜倖門 養廉恥 以淸濁俗 明政刑 以戢奸濫 袪積弊 以救民生 倡學術 以
振士風詞理俱美 一時傳誦." 상세한 내용은 『서애집』 별집 2 「무빙차無氷箚」 참조.

30) 『율곡전서』 권30, 「경연일기 3」, 10월조.

31) 『서애집』 권14, 잡저雜著 「북변헌책의北邊獻策議」.

32) 「서애연보」 권1.

33) 『선조실록』 권17, 16년 2월 무술조戊戌條 "兵曹判書李珥啓曰 我朝昇平已久 恬嬉日甚
內外空虛 兵食俱乏 小醜犯邊 擧國驚動 倘有大寇侵軼 則雖智者無以爲計 (……) 況今慶
源之寇 非一二年可定 若不一振兵威 蕩覆巢穴 則六鎭終無寧靖之期."

34) 『서애집』 권14, 잡저 「북변헌책의北邊獻策議」.

35) 『선조수정실록』 권6, 5년 11월 초하루 계미조 "以李珥爲司諫 不拜 珥自以學未進 不可從
政 屢辭要顯 而凡所陳說 必以唐 虞三代爲言 上曰 李珥自是迂闊者 珥遂下鄕."

36) 『동강집東岡集』 권16, 「경연강의經筵講義」, 을묘乙卯 6월 2일 조강조朝講條.

37) 『동강집』 권16, 「경연강의」, 을묘 6월 2일 조강조.

38) 『동강집』 권17, 「경연강의」, 을유乙酉 3월 27일 석강조夕講條.

39) 『동강집』 권17, 「경연강의」, 을유 3월 27일 석강조.

40) 『성종실록』 권81, 6월 을묘조乙卯條 "兵曹上軍籍 京中正軍 二千八百二十四 奉足二千九
百二十 (……) 摠正軍十三萬四千九百七十三 奉足三十三萬二千七百四十六."

41) 『서포만필西浦漫筆』 下.

42) 『성호사설星湖僿說』 上 3, 인사문人事門 「예양병조預養兵條」.

43) 『사계전서沙溪全書』 권9, 행장行狀 「송강정문청공철행록松江鄭文淸公澈行錄」.

44) 『성소부부고惺所覆瓿藁』 권11, 논論 「정론政論」

1) 이이화李離和, 『인물한국사』, 한길사, 1988년.
   이이화, 『인물한국사 5』, 한길사, 1993년.
2) 고정욱, 『원균 그리고 원균』, 여백, 1994년.
3) 『인물한국사』「이순신과 원균」, 72쪽.
4) 『선조실록』 권21, 20년 10월 을축조乙丑條.
5) 『선조실록』 권21, 20년 10월 신미조辛未條.
6) 『이충무공전서』 권9, 부록 「행록行錄」.
   『선조수정실록』 권21, 20년 6월 정해조丁亥條.
7) 『징비록』 권1, 「탁정읍현감이순신 위전라좌수사조擢井邑縣監李舜臣 爲全羅左水使條」.
8) 『이충무공전서』 권9, 부록 「행록」.
9) 『징비록』 권2, 「이순신행적조李舜臣行蹟條」.
10) 『징비록』 권1.
11) 『선조실록』 권25, 24년 2월 경진조庚辰條, 계미조癸未條, 을유조乙酉條.
12) 『선조실록』 권84, 30년 정월 무오조戊午條 "(……) 上曰 舜臣未知其如何人 成龍曰 舜臣
    同里人也 臣自少知之 以爲能察職者 平日希望 必爲大將 上曰 能解文否 成龍曰 强毅不
    爲人撓屈 臣以薦水使 (……)."
13) 『통감절요通鑑節要』.
14) 『이충무공전서』 권9, 부록 「행록」.
    『선조수정실록』 권26, 25년 4월조.
15) 『인물한국사』「이순신과 원균」 73~75쪽.
16) 『선조실록』 권27, 25년 6월 병진조丙辰條 "(……) 右水營則水使虞候 自焚其營 虞候則不
    知去處 水使則只騎一船 時寓泗川海浦 格軍數十名外 無一軍卒 (……) 右水使元均焚營
    下海 只保一船 兵 水使爲一道主將 所爲如此 其下將卒 安得不逃且散哉 (……) 軍法若
    嚴 敗軍者必死 逗遛者必死 棄城者必死."
17) 『선조실록』 권27, 25년 6월 병진조丙辰條 "(……) 水使元均以舟師大將 率諸將避于內地
    使其虞候禹應辰 焚燒官庫 二百年所儲之物 一朝敗亡 助羅浦萬戶朴鵬 不知去處 (……)."
18) 『선조수정실록』 권26, 25년 5월 경신조庚申條 "倭兵之渡海也 慶尙右水使元均知勢不敵
    悉沈戰艦 戰具 散水軍萬餘人 獨與玉浦萬戶李雲龍 永登浦萬戶禹致績 栖泊于南海縣
    前 欲尋陸避賊 雲龍抗言曰 使君受國重寄 義當死於封內 此處乃兩湖咽喉 失此處 則兩
    湖危矣 今吾衆雖散 猶可保聚 湖南水軍 可請來援也 均從其計 遺栗浦萬戶李英男 詣舜
    臣請."
19) 『징비록』 권1, 「전라수군절도사이순신 (……) 대파적병우거제양중조全羅水軍節度使李舜
    臣 (……) 大破賊兵于巨濟洋中條」.
20) 최석남崔碩男, 『구국의 명장 이순신』 上, 교학사, 1992년, 244쪽 참조.
21) 『이충무공전서』「명여원균합세공적유서命與元均合勢攻賊諭書」.
22) 『선조실록』 권57, 27년 11월 병술조丙戌條 "右議政金應南 (……) 當初舟師之得捷 均自
    以爲功多 舜臣則不欲擊之 而宣居怡力主擧事 (……) 特進官判敦寧府事鄭崑壽啓曰 鄭
    運以爲 將帥若不往 則全羅道必不得收拾 以此迫脅 故舜臣不得已往擊云矣."

23) 『선조실록』 권84, 25년 5월 갑인조甲寅條 "應南日 鄭雲以舜臣不爲進戰 將斬之 舜臣恐怖 不獲已强戰 水戰之捷 蓋鄭雲激而成之 (……)."

24) 『선조수정실록』 권26, 25년 5월 경신조庚申條.

25) 『이충무공전서』 권9, 부록 「행록」.

26) 『징비록』 권1.

27) 『선조실록』 권26, 25년 5월 임오조壬午條 "全羅水使李舜臣 趁發舟師 采入他道 撞破賊船四十餘隻 斬倭二級 所掠之物 多數還奪 備邊司啓請論賞 上命加資."

28) 『선조수정실록』 권26, 25년 5월 초하루 경신조庚申條 "全羅水軍節度使李舜臣 赴援慶尙道, 大敗倭兵于巨濟之前津."

29) 『징비록』 권1.

30) 『선조실록』 권29, 25년 8월 신해조辛亥條 "備邊司啓日 慶尙道元均獻捷啓本 卽頃日李舜臣閑山等島一時事也 (……) 僉使金勝龍 縣令奇孝謹特陞堂上 陪持人朴致恭斬三級 生擒一倭 六品陞敍何如 答日 當依此爲之矣 元均則不爲加資乎 回啓日 元均已受重加 且今玆戰捷之功 李舜臣爲主 元均似不必加資矣."

31) 『선조수정실록』 권26, 25년 8월 초하루 무자조戊子條.

32) 『선조수정실록』 권26, 25년 8월 초하루 무자조戊子條.

33) 『선조수정실록』 권27, 26년 7월 초하루 계축조癸丑條.
    『이충무공전서』 권9, 부록 「행록」.

34) 『선조수정실록』 권27, 26년 8월 초하루 임오조壬午條.

35) 『손자孫子』 「시계편始計篇」 "將者 智 信 仁 勇 嚴也."

36) 『이충무공전서』 권2, 부록 「행록」.

37) 『선조실록』 권87, 30년 4월 을묘조乙卯條 "(……) 愚臣妄意 我國軍兵 其麗不億 雖除老殘 可得精兵三十餘萬 (……) 必須四五月之間 水陸大擧 一決勝負 (……)."
    『선조실록』 권87, 30년 4월 임오조壬午條 "備邊司啓日 統制使元均狀啓 (……) 我國可得三十萬精兵 四五月之內 水陸大擧 一決勝負云 (……) 狀啓之意 似欠商量 且三十萬精兵 亦非四五月內容易辦出 (……) 傳日 予意以爲不可."

38) 『이충무공전서』 권9, 부록 「행록」.

39) 『이충무공전서』 권9.

40) 『선조실록』 권84, 30년 정월 무오조戊午條 "李廷馨日 (……) 元均自變初 慷慨立功 但不恤軍卒 致失民心 (……) 慶尙一道之板蕩 皆由元均 (……)."

41) 『선조실록』 권66, 28년 8월 을묘조乙卯條 "司憲府啓日 忠淸兵使元均 爲人泛濫 加以貪虐 五六月入防軍士 前期放役 徵納種太 盡輸于農舍 又作無理之刑 恣行殘酷之事 殞命者相繼 病廢者亦多 怨號之聲 盈滿一道 如此之人 不可不痛懲 請命罷職不敍."

42) 『이충무공전서』 권13, 부록 「기실편상 선묘중흥지紀實篇上 宣廟中興志」.

43) 『증보문헌비고增補文獻備考』 권120, 병고兵考 12.

44) 『징비록』 권1.

45) 『선조실록』 권66, 28년 8월 을묘조乙卯條 "司憲府啓日 忠淸兵使元均 爲人泛濫 加以貪虐 五六月入防軍士 前期放役 徵納種太 盡輸于農舍 又作無理之刑 恣行殘酷之事 殞命者相繼 病廢者亦多 (……)."

46) 『징비록』 권2.

47) 『약포집藥圃集』 권2, 「논구이순신차論救李舜臣箚」.

48) 『선조실록』 권81, 29년 10월 갑신조甲申條 "上御別殿, 講周易 (……) 上曰 前間將才 未
有所見耶 (……) 元翼曰臨戰時 則與常時不同 如元均性甚强戾 凡上司文移節制之間 必
相爭鬪 臨戰則頗可用云矣 (……) 元翼曰 元均 有戰功故許之 不然則決不可用之人也
(……) 元均 不可預授軍士 臨戰授之 使之突戰可也 常時領之 必多怨叛矣 (……)."

49) 『이충무공전서』 권2, 「옥포파왜병장玉浦破倭兵狀」.

50) 『선조실록』 권29, 25년 8월 신해조辛亥條.

51) 『선조실록』 권66, 28년 8월 을묘조乙卯條.
『선조실록』 권76, 29년 8월 을해조乙亥條.

52) 『선조실록』 권82, 29년 11월 을해조乙亥條.

53) 『선조실록』 권82, 29년 11월 경자조庚子條.

54) 『선조실록』 권82, 29년 11월 을사조乙巳條.

55) 『선조실록』 권84, 30년 정월 계축조癸丑條.

56) 『난중잡록』 "初十日(丁酉年正月) 大風雨."
『선조수정실록』 권31, 30년 정월 초하루 임진조壬辰條 "慶尙左道防禦使權應銖馳啓言 今
月十三日 倭舡一百五十餘艘 來泊多大浦 乃淸正渡海之報也."

57) 『인물한국사』 「이순신과 원균」, 75~76쪽.

58) 『선조수정실록』 권31, 30년 2월 초하루조.

59) 『선조수정실록』 권31, 29년 12월 초하루조.

60) 『선조실록』 권84, 30년 정월 갑인조甲寅條.

61) 『선조실록』 권84, 30년 정월 무오조戊午條.

62) 『선조실록』 권84, 30년 정월 무오조戊午條.

63) 『선조실록』 권84, 30년 정월 기미조己未條.

64) 『선조실록』 권85, 30년 2월 갑신조甲申條.

65) 『징비록』 권2, 「체수군통제사이순신하옥조逮水軍統制使李舜臣下獄條」.

66) 『징비록』 권2, 「체수군통제사이순신하옥조」.

67) 『선조실록』 권87, 30년 4월 기묘조己卯條.

68) 『선조실록』 권87, 30년 4월 임오조壬午條.

69) 『선조실록』 권88, 30년 5월 무오조戊戌條.

70) 『선조실록』 권89, 30년 6월 기사조己巳條.

71) 『선조실록』 권89, 30년 6월 기사조己巳條.

72) 『선조실록』 권89, 30년 6월 을유조乙酉條.

73) 『선조실록』 권89, 30년 6월 정해조丁亥條.

74) 『선조실록』 권89, 30년 6월 무자조戊子條.

75) 『선조실록』 권90, 30년 7월 신해조辛亥條.

76) 『선조수정실록』 권31, 30년 7월 초하루 경인조庚寅條.

77) 『선조실록』 권90, 30년 7월 신해조辛亥條.

78) 『인물한국사』 「이순신과 원균」, 77~78쪽.

79) 『이충무공전서』 권10, 부록 「행장」.

80) 『징비록』 권2, 「통제사이순신 파왜병우진도벽파정하조統制使李舜臣 破倭兵于珍島碧波

亭下條」.

81) 『이충무공전서』 권10, 부록 「행장」.

82) 『공양전公羊傳』 희공僖公 33년조 "晉人敗秦師于殽 匹馬隻輪無反者."

83) 『선조실록』 권99, 31년 4월 병진조丙辰條.

84) 『선조실록』 권106, 31년 11월 무신조戊申條.

85) 『선조실록』 권163, 36년 6월 신해조辛亥條.

86) 『징비록』 권2, "有才無命 百不一施而死 嗚呼惜哉."

87) 『난중잡록』 권3.

88) 『선조수정실록』 권26, 25년 5월조 "上召見大臣李山海 柳成龍 引手叩膺呼苦曰 李某 柳
某 事乃至此 予何往乎 毋憚忌諱 悉心以言 又招尹斗壽進前問之 諸臣俯伏流涕 不能遽
對 上顧問李恒福曰 承旨意如何 對曰 可且駐駕義州 若勢窮力屈 八路俱陷 則便可赴訴
天朝 斗壽曰 北道士馬精强 咸興 鏡城皆天險足恃 可踰嶺北行 (……) 成龍曰 不可 大駕
離東土一步 則朝鮮非我有也 上曰 內附本予意也 (……) 成龍曰 今東北諸道如故 湖南
忠義之士 不日蜂起 何可遽論此事 李山海終不對 (……)."

89) 『이충무공전서』 권9, 부록 「행록」.